中国建筑声学工程市场研究报告

Chinese Architectural Acoustics Engineering Market Report

朱时均　主编

化学工业出版社

·北京·

内容简介

本书梳理中国建筑声学研究的理论成果，对建筑声学工程进行界定和分类，全面分析了建筑声学工程的市场运作主体，在广泛市场调研的基础上对中国建筑声学工程的未来市场规模进行测算，探讨建筑声学工程企业的市场竞争力，展示了近十年来优秀的建筑声学工程案例。

本书可供中国建筑声学工程研究者、政策制订者及设计施工参与者等相关人员借鉴参考。

图书在版编目（CIP）数据

中国建筑声学工程市场研究报告/朱时均主编. —北京：化学工业出版社，2020.12
ISBN 978-7-122-37848-4

Ⅰ.①中… Ⅱ.①朱… Ⅲ.①建筑声学-建筑市场-研究报告-中国 Ⅳ.①F426.9

中国版本图书馆CIP数据核字（2020）第191825号

责任编辑：李彦玲　　　　　文字编辑：刘厚鹏　陈小滔
责任校对：刘　颖　　　　　装帧设计：李子姮

出版发行：化学工业出版社
　　　　　（北京市东城区青年湖南街13号　邮政编码100011）
印　　装：中煤（北京）印务有限公司
787mm×1092mm　1/16　印张15　字数389千字
2021年1月北京第1版第1次印刷

购书咨询：010-64518888
售后服务：010-64518899
网　　址：http://www.cip.com.cn

凡购买本书，如有缺损质量问题，本社销售中心负责调换。

定　　价：98.00元　　　　　　　　　版权所有　违者必究

序言

社会生产力及城镇化的快速发展，使得工业噪声、交通噪声、生活噪声与施工噪声等噪声干扰越来越严重。这些噪声严重影响人们的身心健康及居住、生活的舒适度，影响学习与工作的效率，影响思维的深度、集中度与创造力。与此同时，人们生活水平的日益提高，也使得人们日益增长的对美好生活的需求更为迫切，亟须加以满足。因此，建设美好的人居声环境，优化建筑声学品质，成为建筑工程领域愈来愈受重视的问题。

与国外相比，中国的建筑声学工程设计与施工水平并不落后，某些研究成果与技术甚至超过国外发达国家，有些建筑的声学质量更是居国际先进水平。然而，总体而言，我们的人居声环境质量问题多多。建筑声学设计的理念还远没有普及开来，更谈不上扎根于人们的日常观念之中，还需要做大量的宣传和普及的工作。例如一提到建筑声学，人们往往想到的只是音乐厅、歌剧院、戏曲剧院、话剧院、电影院这些本身主要功能就是听音的场所，而实际上，需要做声学设计的建筑还有很多，包括住宅、宾馆、教室、体育场馆、机场、火车站、展览馆与博物馆等。只有我们身边的各类建筑都做好了声学设计和施工，我们接受信息的完整性、准确性和愉悦度才有可能得到保证。

目前，在中国从事建筑声学研究、设计与培养人才的单位太少，而人口和面积仅相当于中国一个省的英国，却有两百多个。因此，国内从事建筑环境声学研究、设计与教学工作的人员数量甚少。从施工的角度来说，建筑声学工程是一个规模巨大、极具增长潜力的重要类别，然而目前参与这些工程的企业主要是从事建筑室内空间建造、装饰的综合性企业，建筑声学工程只是其综合业务的一部分，而优秀的、专业化的建筑声学设计与施工企业还处于稀缺状态。这些问题，都是我们急需解决的现实问题。

《中国建筑声学工程市场研究报告》界定了建筑声学工程的基本范畴，从实践可操作的角度对建筑声学工程做出分类，依据国家权威数据及市场调研所获取的数据对中国建筑声学工程未来的市场规模做出预测，分析和探讨了优秀的建筑声学工程企业所应具有的市场竞争力。该报告的出版，应运而生，恰逢其时。报告一方面宣传普及了建筑声学理念，促进人们对建筑声学的认识和理解；另一方面又为当前中国建筑装饰行业转型升级、探索新的市场细分领域提供了理论依据与实践指南。

早在2013年，中国建筑装饰协会学术与教育委员会就对中国建筑声学工程进行了市场调研，初步积累了一些研究成果。经过7年的积累和沉淀，该报告无论在理论上，还是在市场现状调研及发展趋势的研判上，都更加成熟和准确。相信报告的发表会给中国建筑声学工程研究者、政策制订者及设计施工参与者等相关人员提供有价值的参考。

中国科学院院士

华南理工大学建筑学院教授

吴硕贤

2020年6月

目录

第一章 建筑声学工程的定义、特征及研究历程

第一节　建筑声学工程的定义与特征　002
　　一、建筑声学工程的定义　002
　　二、建筑声学工程的特征　002
第二节　建筑声学工程的研究历程　003
　　一、中华人民共和国成立之前　003
　　二、中华人民共和国成立后至2000年　004
　　三、2000年以来　004

第二章 建筑声学工程建设现状及发展趋势

第一节　建筑声学工程建设现状　007
　　一、建筑声学工程建设情况　007
　　二、建筑声学工程建设的有利因素　008
　　三、建筑声学工程建设的不利因素　010
第二节　国外建筑声学工程建设现状　011
第三节　中国建筑声学工程发展趋势　012

第三章 建筑声学工程的相关运作主体

第一节　业主　015
　　一、定义及市场地位　015
　　二、业主类型　015
　　三、发展现状　015
第二节　设计单位　016
　　一、定义及市场地位　016
　　二、设计单位类型　016
　　三、发展现状　022
第三节　施工单位　023
　　一、定义及市场地位　023

	二、施工单位类型	024
	三、发展现状	031
第四节	材料设备供应单位	031
	一、定义及市场地位	031
	二、供应单位类型	032
第五节	市场监管单位	035
	一、定义及市场地位	035
	二、监管单位类型	035
	三、发展现状	036
第六节	行业组织	036
	一、定义及市场定位	036
	二、行业组织类型	036
	三、发展现状	038

第四章 建筑声学工程核心市场的范围及规模

第一节	核心市场的定义及特征	040
第二节	核心市场的建设情况	040
	一、艺术表演场馆	040
	二、电影院	041
	三、广播电视演播厅	042
	四、大会堂	044
第三节	艺术表演场馆的市场规模预测	045
	一、增量市场规模预测	045
	二、存量市场规模预测	047
第四节	电影院未来市场规模预测	048
	一、增量市场规模预测	048
	二、存量市场规模预测	049
第五节	广播电视演播厅未来市场规模预测	050
	一、增量市场规模预测	051
	二、存量市场规模预测	051
第六节	大会堂未来市场规模预测	052
	一、案例调研	053

二、市场规模预测	053	
第七节　小结	053	

第五章
建筑声学工程
延伸市场的范围与规模

第一节　延伸市场的定义及特征	056	
第二节　延伸市场的范围及建设情况	056	
一、酒店类建筑的声学工程	056	
二、展陈类建筑的声学工程	058	
三、教育类建筑的声学工程	060	
第三节　酒店类建筑声学工程市场规模预测	062	
一、增量市场规模预测	062	
二、存量市场规模预测	063	
第四节　展陈类建筑声学工程市场规模预测	065	
一、美术馆声学工程市场规模预测	065	
二、博物馆声学工程市场规模预测	067	
三、公共图书馆声学工程市场规模预测	069	
四、小结	071	
第五节　教育类建筑声学工程市场规模预测	071	
一、教学图书馆声学工程市场规模预测	072	
二、报告厅声学工程市场规模预测	074	
三、小结	076	
第六节　小结	076	

第六章
建筑声学工程
潜在市场的前景与机会

第一节　潜在市场的定义及特征	079	
第二节　潜在市场的范围	079	
一、娱乐场所	079	
二、体育场馆	080	
三、办公空间	081	
四、机场车站	081	

	第三节　潜在市场的建设情况	082
	一、娱乐场所的建设情况	082
	二、体育场馆的建设情况	083
	三、办公空间的建设情况	084
	四、机场车站的建设情况	085
	第四节　潜在市场的前景与机会	086
	一、娱乐场所的发展前景	087
	二、体育场馆的发展前景	087
	三、办公空间的发展前景	087
	四、机场车站的发展前景	087

第七章　建筑声学工程企业的市场竞争力

第一节	品牌价值及影响力传播能力	090
第二节	工程设计能力	091
第三节	工程施工能力	093
第四节	光电系统集成能力	095
第五节	供应链整合运用能力	096
第六节	平台管理能力	097

第八章　近十年精品建筑声学工程概览

一、	艺术表演中心类	100
二、	大会堂、会议中心类	171
三、	广播电视演播厅类	188
四、	酒店类	192
五、	教育空间类	199
六、	展陈类	204

附录	224
参考文献	231
后记	232

第一章

建筑声学工程的
定义、特征及研究历程

第一节 建筑声学工程的定义与特征

一、建筑声学工程的定义

建筑声学工程是指围绕新建、改建或扩建建筑物和附属构筑物设施中的声音传播、声音评价和声音控制，所进行的建筑规划、勘察、设计和施工等各项技术工作，其主要目的是解决建筑中声学环境的问题，提升室内音质、减少室内环境噪声，以保证室内具有良好的听闻条件。

广义的建筑声学工程，包括所有建筑物的声学规划、勘察、设计、施工等技术性工作。事实上，无论是满足人们居住使用的住宅建筑，还是满足人们工作、休闲、社交等需要的公共建筑，均需要进行声学设计和施工，以保证人们的身体健康和对声音审美的需求，而这些建筑的声学规划、勘察、设计、施工都属于广义建筑声学工程的范畴。

狭义的建筑声学工程，主要是指围绕剧院、音乐厅、会议礼堂、广播电视演播厅等观演建筑的声音传播、评价和控制所进行的建筑规划、勘察、设计和施工等技术工作。这些建筑的功能主要是通过声音、图像等载体传播文化，因而其对声音优化、噪声控制的要求很高，最能体现建筑声学设计、声学施工的水平。

二、建筑声学工程的特征

1. 艺术含量高

建筑工程又包括建筑结构及外形、建筑内部空间两部分。无论是建筑结构及外形，还是建筑内部空间，其设计和施工，除了赋予建筑物特定的功能之外，都需要关注其艺术性，满足人们审美需求，这也是建筑被称为"凝固的音乐"的原因之一。

建筑结构与外形、建筑内部空间的设计与施工，主要是视觉艺术。而建筑声学工程的声学设计与施工，则主要是听觉艺术。建筑声学设计与施工，是依附于建筑物本身及建筑物内部空间而进行的，在保持声学特点和独立性的基础上，还必须要与建筑外形、建筑内部空间的艺术特点相一致，展现出一体化的特色和风格。因此，这是一种通常被人们忽略，但实际上具有更高的艺术含量的创作。

2. 技术门槛高

首先，建筑声学已经发展成为一门独立的学科，具有严谨的理论知识体系，包含基本定义、原理、技术规范、应用条件等。建筑声学工程设计师及施工人员必须要严格遵守这些理论技术要求，任何违背将会产生不好的声学效果，而要全面和熟练掌握、应用这些声学理论技术知识，需要经过数年的专业训练和业务实践，绝不是一蹴而就的。

其次，任何一个建筑，其声学环境的营造都是有其独特要求的，都是"独一无二"的，因此，如何将具体的声学理论知识、原理、技术运用到每一个个性化的建筑物中，进而实现完美的声学效果，需要声学工程设计师、施工人员等具有高超的技术，具体问题具体分析。

最后，随着新技术、新材料的不断出现，声学环境目标实现的手段越来越多，但如何将这些新技术、新材料准确地运用到实际工程开发中，这均需要较高的实践技术能力才能实现。因此，新技术、新材料研发要在建筑声学工程开发过程中发挥作用，其所需要的技术支撑也越来越复杂和多样化。

3. 专业协调化程度高

建筑声学是研究建筑声环境问题的科学，属于交叉学科，主要包括室内音质设计及噪声、振动的控制。表面看，建筑声学工程是建筑学与声学的结合，但实际上，建筑声学工程还涉及其他学科，如光学、电学、音乐学、设计学等学科。因此，建筑声学工程的设计和施工，必须要将涉及的各学科内容协调好、融会贯通起来，否则就难以产生较好的声学效果。

建筑声学工程的专业协调程度高，主要表现在以下三个方面。首先，无论是在设计还是施工领域，各学科专业的重要性并不是一样的，而是有"主"有"辅"，声学为"主"，其他学科为"辅"，即其他各专业均为声学服务，其最终的目的是为了声学目标的实现，这是基本原则。而起辅助作用的各个专业间，也不是平均用力，而是基于项目本身进行协调。其次，各专业间涉及的原料供应商少则几十家，多则几百家，由于原材料供应要实现整体有效匹配以达到较高声学效果的目标，因此必须精确、高效地协调数量众多的原料供应商。最后，在建筑声学工程的施工过程中，声、光、电等专业的施工进程由于项目特点不同而又表现出不同的配合特性，或声学施工先行而其他专业后行，或声学、光学、电学施工同行，而这也均需要专业化的协调。

4. 与装饰工程一体化施工

建筑的声学功能是建筑设计、施工要实现的功能的一部分。除了声学功能之外，建筑物还要实现其他功能，譬如视觉功能，建筑物的大、小、高、低、长、方、扁、圆、颜色等；再譬如触觉功能，冷、热、滑、涩、软、硬等。这些功能的实现，涉及的是土建、电气、水暖通等与声、光、电、艺术、音乐等不同学科、专业具体内容。

相较于建筑结构、建筑装饰，建筑声学虽然有其特定的内涵和外延，但是在工程实践中，建筑的声学功能主要是通过建筑室内空间的建造来实现的，与室内设计和施工高度关联。因此，建筑声学工程的设计常常有建筑装饰专业承包商深度参与，甚至独立承担；建筑声学工程施工任务大多由建筑装饰专业承包商负责实施，与建筑装饰工程一体化进行。

在某种意义上，可以把建筑声学工程理解为具有更高的艺术含量、技术门槛和专业化协调程度的建筑装饰工程。

第二节　建筑声学工程的研究历程

一、中华人民共和国成立之前

19世纪末，国外的科学家们开始研究声波在封闭空间内传播的声学问题。1900年，美国物理学家W.C.赛宾发表了关于"混响时间"及其计算公式的论文，解决了声学界困扰已久的混响问题。赛宾关于"混响时间"及其计算公式的提出，为建筑声学的发展奠定了理论基础，也标志着现代声学的开始。到了20世纪30年代，建筑声学已由理论到实践发展成为一门系统的科学。

中国建筑声学始于1929年叶企孙和施汝为两位教授对清华大学弯顶礼堂音质的研究。1938年，马大猷教授开展了对矩形房间简正振动方式的研究，这是中国学者在国际声学界早期最有影响的开创工作之一。

二、中华人民共和国成立后至2000年

中华人民共和国成立后，在马大猷教授等的积极参与下，国家制定了声学包括建筑声学在内的远景发展规划。随后，马大猷教授对建筑声学开展了多方位的基础建设。20世纪50年代，我国建设了第一个规模齐全的、符合国际标准的声学实验室，其中包括两个消声室隔声实验室和混响室。与此同时，结合工程实践，我国还开展了吸声测定、缩尺声学模型试验。1958年，人民大会堂万人礼堂声学设计成功，对今后我国的厅堂音质设计起到了巨大的推动作用，并且标志着我国建筑声学技术达到了较高的技术水平，被视为我国厅堂声学发展的里程碑。

20世纪六七十年代，我国建筑声学蓬勃发展。1965年12月，我国在上海举办了建筑隔声学术讨论会，这是我国举办的第一次建筑声学专题活动。同济大学、中国科学院电子所（声学所前身）、中国建筑科学研究院物理所、北京建筑设计院、清华大学等单位先后建立了测量空气声和楼板撞击声隔声的实验室，国内建筑隔声的调查、测量和研究工作也正式起步。

经过不断的实践，在20世纪80年代我国先后出版了一大批有影响的声学专著，例如：中国建筑科学研究院主编的《建筑围护结构隔声》和《建筑声学设计手册》、冯瑀正编写的《轻结构隔声原理与应用技术》、马大猷等编写的《噪声与振动控制工程手册》等。全国声学标准化技术委员会和建声分会还组织国内声学单位陆续编制了《住宅隔声标准》（JGJ 11—82）、《建筑隔声测量规范》（GBJ 75—84）、《建筑隔声评价标准》（GBJ 121—88）和《民用建筑隔声设计规范》（GBJ 118—88）。这些专著、标准、规范提供了声学设计原理、计算方法、设计数据、设计图表和设计措施等，成为建筑声学研究者、设计人员的重要参考资料。

三、2000年以来

进入21世纪以来，我国先后组织编制了一系列的声学设计和测量规范，例如：《厅堂混响时间测量规范》《民用建筑隔声设计规范》《建筑隔声评价标准》《建筑隔声测量规范》《剧场、电影院和多用途厅堂建筑声学设计规范》《厅堂音质模型试验规范》等。上述规范标准使国内的建筑

声学设计和测量有规可循，为建筑声学工程的持续发展奠定了基础。

近些年来，随着计算技术的发展，计算机技术开始在建筑声学领域发挥重要作用，可以说，其对建筑声学的影响是巨大的。国内不少研究者借助计算软件来研究构件（包括双层板、多层板、复合板等）的隔声特性，例如用统计能量分析计算墙体隔声、计算楼板撞击声的隔声，用人工神经网络预计轻板隔墙的隔声性能，对结构不同的多层板的隔声特性进行了理论分析和数值模拟，而更多的研究者是利用计算机技术进行声学环境模拟、声学测试及声学工程的构图、设计。

近十几年来，随着国家大剧院的建设，全国各地掀起了建设集歌剧院、音乐厅于一体的"大剧院"的风潮，但在建筑规模、设计、施工、设施设备等方面并没有太大的变化。针对中国音乐、戏剧与语言特点和中国人的欣赏习惯，有研究者对厅堂音质的声学标准、主观评价进行了广泛研究，取得了丰富的研究成果。

第二章

建筑声学工程
建设现状及发展趋势

第一节　建筑声学工程建设现状

一、建筑声学工程建设情况

根据建筑物的用途和其对声学的技术要求的不同层次,本书把建筑声学工程分为以下三个大类。

1. 观演建筑及其专门的观演空间的声学设计与施工,包括剧院、音乐厅、大会堂、广播电视演播厅、电影院等

这类工程对建筑的声学功能具有很高的要求,其建筑装饰及声学设计与施工均由知名的、高水平的专业承包商承担。随着中国经济实力的不断增强,以及人们物质生活水平提高后对高层次精神文化生活需求的加大,全国各大城市纷纷建设了一大批具有地标性质的大剧院、音乐厅、大会堂,彰显了中国建筑声学设计、施工的较高水平。

近些年来,我国艺术表演场馆的建设速度很快,数量一直呈增加态势。2014年,全国有1338家艺术表演场馆,而到了2018年则增加到了2478家。影院数量的增加更是迅速,2014年至2018年11月底,影院数从4910家增长至10233家,净增5323家,平均每年新增影院1330家;2014年全国有银幕23600块,而到了2018年则增至60079块,平均每年增加9119块银幕,这也表明平均每年有9119间电影播放室需要进行声学装饰。虽然目前没有具体的广播电视演播厅的数据,但从公共广播节目套数及播出时间来看,相比于2009年,2018年我国公共广播节目套数增加了380套,年均增加42套;播出时间增加了300.19万小时,年均增加33.35万小时,这说明广播电视演播厅的建设发生了一个较大幅度的增加。

2. 非观演类建筑中,具有较多的观演用途的空间的声学设计与施工,包括:高星级酒店中的会议厅、多功能厅,博物馆、美术馆、纪念馆、图书馆、会展中心、学校等文化建筑中的陈列室、展览厅、报告厅、礼堂等

这类工程对建筑的声学功能具有较高的要求,其建筑装饰及声学设计与施工大多由高水平的专业承包商承担。

2009—2018年我国住宿行业企业法人数逐年增加,从2009年的14498家增加到了2018年的20614家,九年间增加了6116家,平均每年增加680家。2009—2018年全国酒店客房数总体上一直处于增加态势,由2009年的201.67万间增加到了2018年的394.80万间,九年间增加了193.13万间,平均每年增加21.46万间。酒店的声学建设工程主要集中在设施较为高级的星级酒店,目前全国有近1万家星级酒店。随着中国招商引资力度的加大,国外很多知名品牌酒店在我国投资兴建高端星级酒店,这些酒店在设计、装饰方面格外重视声学设计、施工。

自2012年开始,我国举办的展览场次逐年增加,从6901场增加至2018年的10889场,六年间增加了3988场,平均每年增加665场。展览总面积由2012年的8250万平方米增加至2018年的14456万平方米,六年间增加了6206万平方米,平均每年增加1034万平方米。不仅展览馆的场馆建设需要声学设计、施工,而且每次展览活动在进行布展的时候,也产生了大量的声学装饰活动,尤其是还伴生了大量的光学、电学、舞台艺术设计等方面的装饰工程。我国美术馆的数量大约为500家,从业人员不足5000人,但每年举办的美术展览高达7000次,参观人数4000万人次，因此，我国每年美术展览场馆的声学设计、装饰工程需求较大。我国博物馆的数量自2009年开始一直处于增加的态势，截至2018年，全国共有4918家博物馆。九年间我国博物馆的数量增加了一倍之多，平均每年增加近300家。由于各地修建的博物馆均是从地方知名文化建筑、城市名片、城市地标等视角出发修建的，所以，博物馆的声学工程建设量较大，修建了一大批精品工程。

近十年来，我国政府对教育事业持续重视，2009年我国教育经费投入为16503亿元，而到了2018年为44614亿元，九年增加了28111亿元，平均每年增加3123亿元。持续增加的教育经费，除了用来加强教育软件设施外，也用来加强教育硬件设施。教育硬件设施建设，其中很大的一部分用于学校图书馆、报告厅、文化空间、语音室等设施的建设。

3. 其他公共建筑的声学设计与施工，包括机场候机楼、高铁车站、大型体育场馆、大型百货商场与购物中心等

这类工程对建筑的声学功能也有不同层次的要求，越来越重视声学设计与施工。

截至2013年，全国有170万个室内体育场地，场地面积0.62亿平方米。国家对体育场馆的财政支出力度稳步提升，2010年为67.96亿元，2014年为136.97亿元，这为体育场馆空间的各类声学工程建设提供了有力支撑。

近十几年来，中国的交通事业发展极为迅速，2000年中国有机场139座，而到了2018年中国机场数达到了233座，与2000年相比增加了94座。每一座机场的声学工程建设量都非常大，需要众多设计、施工单位共同完成。而近十几年来，中国的铁路建设更是突飞猛进，尤其是高铁建设的速度，创全球之最。众多装饰企业参与了全国各地高铁车站的声学设计与施工，建设了一大批优秀的高铁站。

这类工程数量庞大，对建筑声学功能的要求差异性很大。由于目前专业化的建筑声学设计与施工企业不多，尚不能完全满足市场需求，因此，参加这类建筑的室内装饰及声学设计施工的企业专业能力参差不齐。

二、建筑声学工程建设的有利因素

1. 快速、平稳的经济发展提供了良好的外部环境

进入21世纪以来，中国经济飞速发展。国家统计局的数据表明，2010年中国国内生产总值为41万亿元，2019年达到了99万亿元，增加了一倍还多（图2-1）。中国经济的高速增长，为大规模的城市建设提供了强有力的经济支撑，交通建设、住宅建设、公共设施建设等如雨后春笋般地发展起来，这些均为声学工程提供了有利条件。从人均国内生产总值来看，2010年中国人均国内生产总值为3万元，而到了2019年则达到了7万元，这为人们对声学建筑的重视和需求提供了坚实的物质基础，因此近些年来各类文化建筑设计、施工项目不断涌现。图2-1所示的数据

表明，中国经济发展及人均经济实力一直处于快速增长的趋势中，这为未来中国建筑声学工程建设的发展提供了有力的契机。

图2-1　2010—2019年中国国内生产总值及人均国内生产总值变化

2. 城镇化建设有力地推动了建筑声学工程的发展

诺贝尔经济学奖得主、美国经济学家斯蒂格利茨曾断言，21世纪对世界影响最大的有两件事：一是美国高科技产业的发展；二是中国的城市化。这一断言已经得到了广泛的认同，而事实也表明，进入21世纪以来，中国城镇化水平逐年提高，是影响全球经济社会发展的一件大事。国家统计局的数据表明，2005年中国城镇化率为42.99%，2019年达到了60.60%，表明目前中国有60%的人口居住在城市，即在14年的时间里，中国城市人口增加了17.61%，平均每年增加1.26%（图2-2）。快速发展的城镇化，有力地推动了城市住宅建设、公共建筑、公共设施的开发，促进了建筑声学需求及建设。

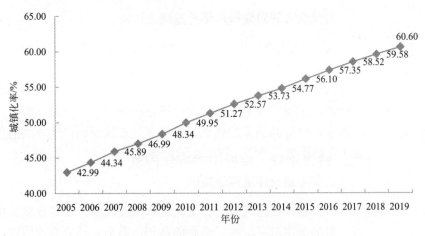

图2-2　2005—2019年中国城镇化率

3. 国家出台政策鼓励文化产业的发展

前文已述，2019年中国人均国内生产总值已达7万元，城乡居民的收入水平不断提高，人均消费性支出逐年增加。人们在物质层面的消费需求得到满足之后，文化需求日益强烈，国家亦高度重视文化事业的发展，将扩大和满足人民基本文化消费需求作为社会主义文化建设的基本任务。2016年3月，国家公布了《中华人民共和国国民经济和社会发展第十三个五年规划纲要》，提出要在"十三五"时期基本建成公共文化服务体系，将把文化产业发展成为国民经济支柱性产业。在此政策推动下，各大中城市大剧院、音乐厅、博物馆、展览馆等公共设施项目不断推出，未来文化建筑声学装饰行业的市场空间将更为广阔。

4. 建筑声学规范和标准促进了建筑声学市场发展

随着人们生活水平的提高，人们对建筑的审美，使用舒适性、健康性的需求也越来越大，因此对建筑噪声、振动等控制需求和要求也越来越多、越来越高。对此，国家颁布了一系列法规、标准来控制建筑质量，例如2015年1月1日开始实施的《绿色建筑评价标准》（GB/T 50378—2014）规定，学校、医院、旅馆、办公楼、车站、体育场馆、商业中心等大型建筑的环境噪声应符合《声环境质量标准》（GB 3096—2008）。随着国家一系列有关建筑声学规范、标准的颁布和实施，建筑声学工程市场存在着巨大的容量。

5. 高科技技术促使建筑声学设计、施工更加便利和高效

随着计算机技术、互联网技术、人工智能等高科技技术的发展，建筑声学设计和施工更加便利和高效，例如BIM技术的广泛运用使得建筑声学技术更加直观，使得建筑声学施工更加准确、精确。建筑声学的计算机模拟和测试，更加有力地保障了建筑声学工程项目的施工质量，前瞻性地规避了很多建筑声学施工问题。

三、建筑声学工程建设的不利因素

1. 社会各界对建筑声学普遍缺乏认知

自20世纪50年代，中国就已经开始建筑声学研究，但由于中国仍是发展中国家，经济实力的大规模增长只是近十几年的事情，因此，社会各界对建筑声学的认知还处于较低的水平。对声学要求较高的观演类文化建筑，中国无论是在声学设计还是在声学施工方面，都已经处于较高的水平，但对其他类的建筑，还没有足够认识到声学方面的重要性，这大大阻碍了建筑声学工程市场的拓展。

2. 业主缺乏建筑声学知识

社会各界对建筑声学普遍缺乏认知的现状，也导致很多建筑声学工程项目的业主对声学缺乏必要的常识，乃至必要的专业知识，这导致建筑声学设计师在与其进行项目沟通时存在诸多困难。与此同时，也存在部分建筑师对建筑声学不重视、缺乏适宜的建筑声学专业知识的现象，这也导致建筑声学设计师在与其进行项目沟通时存在不畅。这均给建筑声学项目的进行带来了阻力。

3. 近些年来原材料价格上涨较快

建筑声学涉及诸多行业，其中声学装饰材料、设备等是较为关键的。

而随着全球城市化的快速发展，尤其是近些年来金融市场通货膨胀的影响，声学装饰材料的价格上涨较快，推升了建筑声学工程项目造价，因而这在一定程度上降低了业主实施建筑声学工程项目的积极性。

4. 劳动力成本快速上升

近些年来，随着劳动力素质的不断提高，中国人口规模、结构的变动，以及其他各种因素的影响，中国劳动力价格不断攀升。建筑声学装饰行业属于劳动密集型行业，工程施工需要大量的劳务用工，因此，"人口红利"不断消失带来的劳动力价格的不断攀升给建筑声学施工成本带来了巨大压力，这也在一定程度上影响了建筑声学工程市场的快速发展。

第二节　国外建筑声学工程建设现状

1. 对建筑声学的认知较为充分

建筑声学在西方发达国家成为一门学科已有一百多年的历史，是广泛受到认可的建筑科学，其已广泛运用于观演建筑、公共文化建筑、学校建筑、主题乐园建筑、五星级酒店建筑、影视制作中心和录音棚建筑、宗教建筑、民用与工业建筑等。声学设计和规划、暖通、给排水设备等专业一样，属于建筑领域必需的专业设计范围之一，需要作为建筑规划审批部门报建设计文件的一部分。

西方发达国家的建筑建设已形成成熟体系，其均为声学设计、施工留有单独的预算，在规划、建筑设计、施工和验收阶段严格把控每一阶段的声学效果。西方发达国家的建筑规划审批部门制定国家规范和市场消费指引等措施，以推动剧场、户外演出、展览空间、酒店、咖啡厅、会议室、教堂等场所进行相关建筑声学设计和电声设计。因此，声学意识、付费习惯、政策保障推动了西方发达国家建筑声学建设的不断进步。

2. 声学建筑人均拥有量多、层次丰富

文化建筑是最典型的声学建筑，以剧场、音乐厅等为代表的观演建筑的声学投入远超其他类型的建筑。西方发达国家的文化建筑人均拥有量多、层次丰富。例如，全球著名的两个剧院区分别为伦敦西区和纽约百老汇，其中伦敦西区在不足1平方英里（1平方英里=2.5899881平方千米）的范围内的夏夫茨伯里和黑马克两个街区就集中了40多家剧院；纽约百老汇41街到53街之间聚集了总共36家剧院，成为闻名遐迩的剧院街区。

3. 制定了严格的建筑声学法规、规范体系

西方发达国家建立起了建筑声学规范、法规，并在实际建设中严格执行、落实。欧盟对噪声控制的法规制定始于二十世纪九十年代。欧盟制定了一系列关于噪声限值的指令，对各类交通工具，如机动车、摩托车、飞机、铁路和家用电器等交通工具和设备噪声设置了限值。2002年，欧盟发布了《环境噪声评估和管理导则》，要求各成员国绘制噪声地图并据此来制定噪声控制计划。此后，2011年欧盟进一步公布了《欧洲夜间噪声指南》，严格控制夜间各类噪声限制来保护民众免于被噪声影响的基本权利。

美国国会于1972年通过了《噪声控制法》，希望通过"改善环境使所有美国人从危害他们健康和福利的噪声中解脱出来"，并要求美国环保局和联邦公路管理局分别制定和实施适用于

州际商业运输的噪声控制标准。1998年，美国联邦公路管理局提出考虑噪声影响的土地利用规划，要通过规划等手段使得对噪声敏感的地块远离噪声，随即各州都建立了相应的法规。2010年，联邦公路管理局还促使《公路交通噪声、施工噪声削减程序》最终版本的发布和实施，该法规要求各州在公路项目的设计阶段满足一系列要求，以确保周围居民和业主的权益。

日本于1968年颁布了《噪声管理法》，以对建筑施工、交通运输、工厂等多种产生噪声场所的噪声进行限定。《新干线、飞机环境噪声标准》（1993年）、《环境噪声质量标准》（1998年）都规定了各类环境区域的噪声限制。同时，日本还对各种噪声源的测试方法做了规定。

4. 注重研发建筑声学新材料、新技术

西方发达国家在新兴声学材料研发、建筑物的主动降噪及建筑声学大数据采集、整理和应用等前沿技术和应用领域，具有较好的优势。其已成功运用在了几百座多功能的剧场、剧院，可调声学效果和运营收入等较为理想。该技术可以人为创造更佳的自然声演出的声学环境，让离舞台中央较远的观众清晰、逼真地聆听到现场演奏的音乐，以弥补在大剧院自然声演出的局限性，进而实现了"一场多用"，增加了营收。

此外，西方发达国家在有机和无机等建筑声学材料的研发上起步较早，基本上垄断了该领域的材料研发，但由于其生产能力较弱，所以通常交付发展中国家代工。

5. 建筑声学设计师具有较高的地位

在西方发达国家，建筑声学已融入建筑的各个环节，建筑声学设计师在建筑声学工程开发过程中具有较高的地位和话语权，其往往在项目规划阶段即发挥关键作用。以剧场为例，在项目规划阶段，建筑声学工程师建议将高声学要求的剧场类项目置于安静区域，从整体角度来考虑声学性能要求；在方案设计阶段，建筑声学设计师与建筑师等合作，修改自然声剧场的体型（在传统被动机械声学空间设计中尤为重要）；在初步设计阶段，建筑声学工程师与结构、给排水和暖通专业等协调，对围护结构和建筑构件进行隔声降噪的设计；在施工阶段，建筑声学工程师与室内装修师等通力合作，在保证美学效果的基础上，采用合适吸声或扩散声学材料，以实现室内最佳声效设计要求。

第三节　中国建筑声学工程发展趋势

1. 更多的建筑将会注重声学设计与施工

目前，国家已经相继出台了诸多规范和标准，以指导建筑声学的健康发展。中国兴建的大量文化建筑、公共设施建筑均已进行了声学设计和施工，其质量和水平均能与发达国家的比肩。随着人们对建筑物的认知和需求的不断升级，尤其是中国经济实力的进一步增强，更多的建筑，例如教育空间、办公空间、居住空间的建筑均会进入建筑声学市场，届时中国的建筑声学工程市场将会迎来爆发式的增长。

2.存量建筑的声学改造和更新规模越来越大

目前，相对而言只有文化类建筑及部分公共设施建筑格外重视声学设计和施工，而实际上所有的建筑都应认真考虑和重视声学建设。未来，中国规模巨大的存量建筑将进入声学改造、更新的过程。仅就住宅类建筑而言，中国的居民住宅，尤其是普通居民住宅均没有进行声学设计和装饰，而随着社会的发展、人们对建筑声学的重视，就像老旧小区楼房加装电梯一样，很多的居民住宅将要进行振动降噪等方面的声学装饰，以提高人们居住的舒适性。单就居民住宅声学改造、更新而言，这将是非常巨大的一个市场。

3.建筑声学品质的要求越来越高

随着越来越多的建筑进入声学装饰市场，人们对建筑声学的日益熟识和重视，人们对建筑声学的品质追求也会越来越高。例如剧院建设，人们更青睐于世界级的高品质的声学环境，更倾向于在高品质的剧院欣赏节目；例如办公场所，人们希望办公空间的振动和噪声能够降到最低，能够在更为安静的环境下办公；例如居住环境，人们除了要求楼房更为环保外，还要求楼上振动及室外噪声得到有效隔绝，能够在更为安静、舒适的环境下生活、休息。

4.建筑声学技术、施工工艺越来越精细

未来，随着科技技术的不断发展，新材料、新技术将会不断呈现。届时，建设声学设计将更为科学、高效，声学模型的建立将能更加准确地反映实际，声学效果的呈现将更为精确。与此同时，新材料的不断发明和出现，例如吸声材料的优化和升级除了更美观外，还将更有效率，这都将极大地推动声学质量和声学品质的提高。

03

第三章

建筑声学工程
的相关运作主体

从市场供求关系的视角来说，建筑声学工程市场主要分为工程项目提供方（"卖方"）及工程项目建设方（"买方"）。同时，为了维护建筑声学工程市场正常、健康的发展秩序，这一市场中还有组织、监管及提供相关专业化服务的一方（"组织服务方"）。工程项目的"卖方"即业主，"买方"即设计、施工单位，"组织服务方"即政府和各类社会团体组织。因此，本章将围绕建筑声学工程市场中的参与运作主体，重点分析业主、工程设计单位、施工单位、政府监管部门及社会团体组织的类型、市场地位、发展情况等内容。

第一节 业主

一、定义及市场地位

简言之，业主是指工程建设项目的投资人或投资人专门为工程建设项目设立的独立法人。业主可能是项目最初的发起人，也可能是发起人与其他投资人合资成立的项目法人公司；在项目的保修阶段，业主还可能是业主委员会（由获得了项目产权的买家或小买家群体组成，在国外也被称为"业主法人团"）。业主也被称为"建设单位"或"项目单位"，通常更被称为"甲方"。

业主在建筑声学工程设计、施工过程中所起到的作用最大，是建筑工程声学需求的提出者、要求者，在某种程度上对声学设计、施工质量起到了监督、标准确定的作用。一项建筑工程，只有业主提出了明确的声学设计、施工要求，设计、施工单位才能很好地进行深化，把业主的声学目标完美、精确地予以实现。

但总体而言，目前中国建筑声学工程的业主普遍缺乏建筑声学常识，更不用说建筑声学专业知识了。这也导致一种现象的产生，即有些业主对建筑工程不能提出准确、合理的声学设计、施工要求，因而在与声学工程师、建筑设计师及施工技术人员的沟通中处于被动的地位。这也从一个侧面说明，建筑声学理念亟须在中国进行大规模普及，亟须对建筑声学工程业主进行声学专业知识培训。

二、业主类型

依据业主的性质，可以将业主简单地分为：自然人、法人、其他组织。相对来说，自然人业主是比较简单的业主，在工程设计、施工方面的沟通较为便捷；法人和其他组织业主是相对较为复杂的业主，相应地在工程设计、施工方面沟通起来程序较为烦琐。

近些年来，随着中国经济、科技实力的不断增强，尤其是中国"一带一路"战略的成功实施，中国的技术输出越来越多，因此从大的范围来说，可以将业主分为：中国公民或组织、外国公民或组织。

显然，由于在中国建筑声学理念还不够普及，很多建筑的声学需求还没有被有效激发起来，所以中国建筑声学工程的业主主要还是集中在公共建筑、文化建筑领域，而这一领域的建筑相对于全国建筑来说所占的比例不高，因此目前中国建筑声学工程的业主数量并不多。

三、发展现状

由于目前中国建筑声学需求主要集中在公共建筑、文化建筑，所以建筑声学工程的业主主要是法人和其他组织,是自然人的比例较小。但随着未来建筑声学理念的广泛普及,人们对建筑声学需求的日益扩大,普通住宅、一般建筑的声学工程将成为需求的主要方面,届时建筑声学工程的业主将会演变为以自然人为主。同时,法人和其他组织的业主所占的比例将趋于缩小,而其所拥有的公共建筑、文化建筑将处于声学装饰改造和更新的需求之列。

本书以近五年来"鲁班奖"和"工程装饰奖"的获奖工程为例,在近五十项工程中,业主性质均为法人,其中政府机关法人占44.68%,企业法人占55.32%,基本处于持平状态。而在企业法人中,国企和私企平分秋色,各站27.66%。而如果从"国有"和"私营"这两个投资主体来看,机关法人和国企法人的业主占比为72.34%,私企法人业主为27.66%。可见,目前中国的建筑声学工程主要还是以国家投资为主,其占到了总投资主体的三分之二,私营企业投资的还较少。而从社会组织、自然人属性的业主来看,其规模还太小,远不是当前建筑声学工程投资建设的主体、主流。这也从一个侧面说明,未来中国建筑声学工程市场潜力巨大,仍处于待挖潜阶段。

第二节 设计单位

一、定义及市场地位

建筑声学工程设计单位是指,业主在工程项目实施前所委托的为业主的声学工程项目进行总体设计的单位,其一般负责声学工程的初步设计、施工图设计,也就是说,其为监理单位提供工程监理的依据之一,为施工单位进行工程的建造提供依据。

在某种程度上来说,建筑声学工程设计单位决定了建筑工程的声学质量,是建筑声学工程质量好坏、水平高低的重要因素。建筑声学工程设计单位,尤其是建筑声学工程设计师在建筑声学工程中的作用发挥取决于多种因素,其中两个重要因素就是业主和建筑设计师。如果业主具有较好的建筑声学理念,具有较高的建筑声学知识,那么业主提出的建筑声学要求就会非常明确,且易于被建筑声学设计师所理解,并被建筑设计师准确、充分地表达出来。如果建筑设计师具有较好的建筑声学理念和较高的建筑声学知识,那么建筑声学设计师与建筑设计师之间的配合就会非常融洽,设计过程就会非常顺利,设计效果也会趋于完美。反之,如果业主和建筑设计师没有良好的建筑声学常识,且在工程进行过程中处于强势的主导地位,那么建筑声学设计师的工作开展起来就会举步维艰,声学设计质量自然大打折扣。

二、设计单位类型

按照不同的界定标准,可以将建筑声学工程设计单位分为不同的类型。按照业务类型来看，主要可以分为"建筑设计"和"室内声学设计"两类；按照设计单位的所有制性质来看，主要可以分为"国营"和"民营"两类。

总体而言，在建筑声学工程领域，建筑设计单位占绝大多数，室内声学设计单位占少数，而且很多建筑工程的室内声学设计工作主要是由建筑结构、外观设计单位下属的部门、研究所来承担、完成的。从国营和民营性质上来看，民营单位占比多一些，为60.38%，而国营单位要少一些，为39.62%。可见，目前从事设计工作的单位，主要的还是以民营单位为主。

1. 建筑设计单位

大剧院、大会堂等观演建筑，由于其特殊功能需求，相较于其他类别的建筑，其设计需更高的专业能力和更多专业的协同。因此，这类工程的建筑设计，大多由综合实力强大的"中"字头大型国有建筑设计机构承担，比如：中国建筑设计研究院有限公司、中国建筑上海设计研究院有限公司、中国建筑西北设计研究院有限公司、北京市建筑设计研究院有限公司、华东建筑设计研究院有限公司等。此外，一些以名牌大学为依托的建筑设计机构，在建筑声学工程设计领域也非常活跃，比如清华大学建筑设计研究院有限公司、东南大学建筑设计研究院有限公司、同济大学建筑设计研究院（集团）有限公司、华南理工大学建筑设计研究院有限公司等。

（1）中国建筑设计研究院有限公司

成立于1952年，公司注册资本为3亿元，前身为中央直属设计公司，目前隶属于国务院国资委直属的大型骨干科技型中央企业——中国建设科技集团股份有限公司。自1978年至今累计获得各类国际、国家及省部级设计奖项700余项。目前已成为国内建筑设计行业中影响力较大、技术能力较强、人才汇聚较多、市场占有率较高的领军型设计企业。

公司现有职工2500余人，专业人才涵盖建筑、结构、城市规划、造价、咨询、设备、电气等多个专业领域。其中，中国工程院院士2人，全国工程勘察设计大师7人，国家"百千万人才工程"人选4人，国家级有突出贡献中青年专家4人，经国务院批准享受政府津贴的专家62人；各类国家职业注册人员400余人，高级设计、研究人员近650人，海外留学归国人才近150人；专业技术人员占企业总人数近90%。

（2）中国建筑上海设计研究院有限公司

成立于2001年，注册资本为1.65亿元。该公司是以建筑设计为主的国家大型甲级建筑设计院，是中国建筑工程总公司的核心成员企业。上海院的业务范围包括城市规划设计、建筑工程设计、园林景观设计、市政工程设计、建筑装饰（含室内软装陈设）设计、建筑智能化设计、幕墙设计、灯光设计、标识设计、BIM设计、绿色认证、施工图审查和工程咨询，能为业主提供一体化、高品质、低成本的设计产品和服务。承接的工程设计项目遍布全国各地及海外多个国家和地区。

现有员工1600余人，其中教授级高级建筑师、教授级高级工程师70余人，高级建筑师、高级工程师290余人，国家一级注册建筑师、国家一级注册结构师、注册设备工程师、注册电气工程师260余人。

（3）中国建筑西北设计研究院有限公司

成立于1952年，注册资本为3.03亿元，是中华人民共和国初期国家组建的六大区建筑设计院之一，是西北地区的甲级建筑设计单位，曾先后隶属于国家建筑工程部、国家建委、国家建工总局、建设部、中国建筑股份有限公司。

公司承担各类大、中型工业与民用建筑设计、景观园林设计、装饰设计、城镇居住小区规划设计、建材工厂设计和传统建筑研究、建筑抗震研究以及建筑经济咨询、工程建设可行性研究、总承包等业务。截至2017年8月，研究院工程遍及全国30多个省、自治区、直辖市及20多个国家和地区；自1980年以来，获国家、部省级优秀设计奖100多项，获得国家专利43项，获国家、部省级科技进步奖50多项。

截至2017年10月，公司拥有8个职能部门、第一至第十七设计所、机电6个设计所、其他5个设计所（研究所、艺术所等）、1个创意中心、2个研究中心、3个工作室、6个产业公司、6个分院；共有职工近1600人，其中中国工程院院士1人。国家工程勘察设计大师3人，陕西省工程勘察设计大师4人，教授级高级工程师91人，高级工程（建筑）师464人，工程师367人。

（4）中广电广播电影电视设计研究院

成立于1952年，隶属于国家广播电视总局。经过60多年深厚积淀，中广电设计研究院建成了专业齐全、领域广泛、实力强劲的产学研为一体的专业技术体系，涵盖：建筑设计、结构、设备、电气、给排水、暖通、室内设计、通信、自控、电视技术、声学、音视频、天馈线、发射与传输、信息网络、塔桅结构、工程经济、数字技术、人工智能、大数据、BIMARVR技术研发应用等。

具有广播电影电视行业甲级、建筑工程甲级、建筑智能化设计甲级、工程咨询甲级、工程设计甲级、工程测量甲级、工程造价咨询甲级、部分电子通信工程设计甲级资质，拥有商务部授予的独立对外经营权，为广播电视行业唯一拥有多类甲级资质，覆盖广播电视、电子通信、勘察设计、文化演艺等多领域跨行业的综合型、国际化的国家级设计研究机构。

现有员工总数400余人，拥有全国工程勘察设计大师6人，享受国务院特殊津贴专家37人，省、部级以上各类业界知名专家200余人，具有高级技术职称以上人员200余人，国家各类注册执业资格人员近200名。

（5）北京市建筑设计研究院有限公司

成立于1949年，公司注册资本为1.9亿元，是北京市人民政府出资并按照《公司法》设立的国有独资公司，北京市人民政府国有资产监督管理委员会监督管理的一级企业。北京市建筑设计研究院有限公司是我国历史最悠久的建筑设计院，实力雄厚，其业务范围包括：城市规划、投资策划、大型公共建筑设计、民用建筑设计、室内装饰设计、园林景观设计、建筑智能化系统工程设计、工程概预算编制、弱电工程、装饰工程、工程总承包等领域。目前，公司具备了以下资质：工程设计行业甲级、城乡规划设计甲级、工程咨询甲级、工程造价咨询甲级、旅游规划设计甲级、风景园林工程设计甲级、环境工程（物理污染防治工程）甲级。

公司集中了一大批优秀的建筑师和各个专业的工程师，拥有中国工程院院士1位，国家级勘察设计大师9位，国务院特殊津贴专家73位，北京市突出贡献专家12位，北京市百千万人才3位。在4000多名员工中，取得高级职称人员620名，具有国家相关执业注册资格人员836人次，拥有博士36名，硕士995名，留学归国人员86名。

（6）清华大学建筑设计研究院有限公司

成立于1958年，是由原清华大学建筑设计研究院在2011年1月5日改制成立的国有独资企业，为国家甲级建筑设计院，注册资本为5000万元。业务领域涵盖公共与民用建筑设计，城市、居住区规划与住宅设计，古建筑保护及复原，景观园林，室内设计，检测加固，工程咨询及施工图审查等。

代表作有：北京菊儿胡同居住区、北京大学图书馆、清华大学图书馆、北京天桥剧场、清华大学设计中心楼、中国美术馆改造装修工程、雷峰塔复原工程、中央美院迁建工程、世界大学生运动会游泳跳水馆、海淀社区服务中心等。设计并建成的工程已获得国家级、省部级优秀设计奖达400余项。2010年被中国勘察设计协会审定为"全国建筑设计行业诚信单位"。2012年10月，被中国建筑学会评为"当代中国建筑设计百家名院"。

现有工程设计人员1200余人，其中拥有中国工程院、中国科学院院士6人，勘察设计大师3人，国家一级注册建筑师185人，一级注册结构工程师69人，注册公共设备工程师35人，注册电气工程师14人。

（7）东南大学建筑设计研究院有限公司

公司历史最早可追溯至1965年，隶属于教育部和东南大学领导，于2011年底完成改制，企业性质为国有独资，注册资本为5000万元。公司主要业务涵盖城市规划、建筑设计、建筑结构、给排水、电气、采暖通风、建筑智能、绿色建筑、室内设计、风景园林、计算机应用等相关专业。具有建筑行业建筑设计（甲级）、公路行业（公路）设计（甲级）、市政行业（道路、桥梁、城市隧道）设计（甲级）、风景园林设计（甲级）、遗产保护与规划设计（甲级）、工程咨询（建筑、公路、电力、市政公用工程）甲级专业资信、城乡规划编制资质（乙级）、电力设计（乙级）、人防工程和其他人防护设施设计（乙级）资质。

近十年来获得全国行业及省部级优秀设计奖230余项；近年来又完成了一大批有重大社会影响的工程设计任务，如：中国国学中心、人民日报社报刊综合业务楼、江苏省档案馆新馆、江苏银行总部大厦、南京青奥体育公园、金陵图书馆新馆、金陵大报恩寺等。

现有在编在岗人员580余人，其中各专业注册师220余人，中级以上职称350余人，具有硕士及以上学历300余人。江苏省设计大师2名，江苏省有突出贡献中青年专家1名，江苏省优秀勘察设计师17名，全国优秀青年建筑师9名。

（8）同济大学建筑设计研究院（集团）有限公司

成立于1995年，公司历史最早可追溯至1958年的同济大学建筑设计研究院，注册资本为6000万元。是全国知名的集团化管理的特大型甲级设计单位，持有建设部颁发的建筑、市政、桥梁、公路、岩土、地质、风景园林、环境污染防治、人防、文物保护等多项设计资质及国家计委颁发的工程咨询证书，是国内设计资质涵盖面最广的设计单位之一。

公司在全国各地、非洲、南美有近万个工程案例，例如上海中心、钓鱼台国宾馆芳菲苑、2008奥林匹克运动会乒乓馆、援非盟会议中心、井冈山革命博物馆新馆、上海新天地广场、2010上海世博会主题馆、上海自然博物馆、上海交响乐团音乐厅、米兰世博会中国企业联合馆、古巴哈瓦那酒店、加纳共和国塞康迪体育场、特立尼达及多巴哥共和国国家艺术中心等。

自1986年以来，共有500多个项目获省部级以上优秀设计奖，共获得奖项近1000个。全院现有员工数4000余人，注册人员超过1000人。

（9）华南理工大学建筑设计研究院有限公司

成立于1984年，公司历史最早可追溯至1953年，注册资本为1180万元。现有建筑工程、建筑智能化、城市规划、市政、风景园林、环境工程、工程咨询（建筑和城乡规划）、文物保护勘察设计等多项资质，并通过ISO 9001质量体系认证。

设计作品有：2010年上海世博会中国馆、侵华日军南京大屠杀遇难同胞纪念馆扩建工程、华南理工大学逸夫人文馆、乐山大佛博物馆、珠海机场航站楼、西汉南越王墓博物馆、天津博物馆、钱学森图书馆、浙江大学新校区、华南师范大学南海学院、澳门大学横琴校区、广州大学城、广州珠江新城西塔、大都会广场、利通广场、北京奥林匹克运动会羽毛球馆和摔跤馆、广东奥林匹克体育场、广州国际会议展览中心等。

目前共荣获各类奖项900多项，其中国际级奖项7项，国家级奖项15项（金奖5项，银奖6项，铜奖4项），国家级行业协会奖项170项，省部级奖项571项，中国建筑学会设计创作类奖92项，梁思成建筑奖1项，梁思成建筑提名奖1项，光华工程科技奖1项，国家科学技术进步奖二等奖1项，广东省科学技术突出贡献奖1项，广东省科学技术奖励一等奖1项。

公司现有中国工程院院士1名，全国工程勘察设计大师4名，当代中国百名建筑师4名，博士生导师10名，硕士生导师54名，中国青年建筑师奖获得者21名，高级以上职称142名，一级注册建筑师135名，一级注册结构工程师52名，其他注册工程、规划师93名，培养了一大批具有较高学术造诣的各专业技术带头人。

2. 声学工程专业设计单位

在国内建筑声学工程领域具有较高设计水平、参与工程项目较多的单位主要有：上海章奎生声学工程顾问有限公司；中孚泰文化建筑股份有限公司声学设计研究所；北京清华同衡规划设计研究院有限公司；上海建筑设计研究院有限公司等。

（1）上海章奎生声学工程顾问有限公司

成立于2014年，是由中国建筑声学泰斗级专家章奎生先生创办。公司注册资本为400万元。公司擅长各类厅堂音质设计、咨询及技术顾问，包括各类文化建筑工程、广播电视建筑工程、酒店办公建筑工程、体育建筑工程、智能住宅等。并可承接各类建筑设备机房的噪声振动控制设计，各类空调通风系统的消声减振设计，各类冷却塔、热泵等的降噪设计，开发和研制各类消声、减振、隔声及吸声产品。除了接受设计业务之外，还可承接各类厅堂音质效果、扩声系统性能、住宅隔声、设备噪声及振动特性、环境噪声等声学测试业务。

公司承担的在国内外均有较大影响的大型工程项目有：上海大剧院、北京保利剧院、杭州大剧院、上海东方艺术中心、浙江省人民大会堂、博鳌亚洲论坛会议中心、广州白云国际会议中心、上影译制厂录音棚、中央电视台、武汉琴台大剧院、深圳保利剧院、上海影城、苏州科技文化艺术中心、中国音乐学院音乐厅、厦门海峡交流会议中心大会堂及音乐厅、上海音乐厅移建等。上海大剧院、上海影城、东方艺术中心、世博中心及世博文化中心等先后获得了全国或上海的优秀设计奖。

公司现有教授级高级工程师一名、高级工程师两名、工程师三名。技术骨干均为高学历人才，其中博士两名、硕士两名，国家注册环保工程师两人。公司配备有各型丹麦B&K品牌的音质、噪声及振动测试仪器，拥有丹麦技术大学开发的ODEON声场计算机模拟分析软件、B&K的DIRAC建声测试分析软件、4292-L型全指向球面声源、德国森海塞尔MKH800可调指向性无线测试话筒及B&K2270-G4型双通道精密噪声分析仪等高新声学测量仪器，具备了现场快速采样、实时分析和无线化、数字化现场音质测试技术。同时，公司拥有自己的实验室，可以进行混响室吸声系数、构件隔声性能、管道消声性能和声源声功率级测试。

（2）中孚泰文化建筑股份有限公司声学设计研究所

中孚泰声学设计研究所作为中孚泰的声学研发、技术部门，主要承担技术服务工作，如：声学设计；声学课题、产品研发；声学标准编制；声学试验、测试等，为剧场、音乐厅、住宅、酒店等有各种声学功能要求的居住声环境提供技术支持和保障。

中孚泰声学设计研究所在国内刊物已发表二十多篇学术论文。拥有包含ODEON、Dirac、Predictor等声学软件；手持式声级计分析仪、PULSE系统、十二面无指向性声源、功率放大器、声学校准器等B&K系列声学测试仪器，可以完成双通道建筑隔声测试、楼板隔声测试、振动测试、缩尺模型测试、混响时间测试等覆盖各建筑声学参数测试工作。拥有深圳剧场声学集成技术工程实验室、混响室、声光电集成实验室。并且公司总部大楼正在建设满足国际标准的混响室、隔声实验室、专业录音棚等。

中孚泰声学设计研究所参编了：《剧场建筑设计规范》（JGJ 57—2016）、《国家剧院安全与等级评价标准》《声学 室内声学参量测量 第1部分：观演空间》《民用建筑隔声设计规范》《医院建筑噪声与振动控制设计标准》等一系列行业规范、标准。同时，中孚泰声学设计研究所拥有六项实用新型发明专利：《防水吸声软包的研发》《一种可以做弯曲面的轻质隔声板》《具备电磁辐射屏蔽功能的超薄型隔声板》《一种具有隔声功能的接线盒递交指示函》《一种放映窗噪声处理系统》《一种具有隔声功能的验钞机》。

（3）北京清华同衡规划设计研究院有限公司

成立于1993年（原北京清华城市规划设计研究院），企业注册资本为1亿元，于2012年8月由全民所有制改为有限责任公司，改制完成后整体划转至清华控股有限公司，是清华控股旗下以城市研究、城乡规划设计咨询与人居环境工程技术研发为主业的成员企业，拥有城乡规划、土地利用规划、建筑设计、风景园林、文物保护勘察设计、旅游规划等多项专业资质。

代表作有：人民大会堂宴会厅、国家游泳中心、清华大礼堂、华山剧院、乌鲁木齐文化中心、江西省会议中心、兰州大学体育馆等。

截至2018年底，共有员工超过1400人，专业技术人员55%拥有硕士及以上学历，20%拥有注册从业资格，30%以上拥有中、高级技术职称。技术骨干大部分毕业于清华、北大、同济、南大、哈工大等一流院校。

（4）上海建筑设计研究院有限公司

最早成立于1953年，是一家具有工程咨询、建筑工程设计、城市规划、建筑智能化及系统工程设计资质的综合性建筑设计院。公司致力于建筑设计的专项市场研究和创新，着眼于城市规划、酒店建筑、办公建筑、商业建筑、文化建筑、会展与博览建筑、体育建筑、医疗建筑、教育建筑、科研建筑、优秀历史及保护建筑、住宅建筑等核心设计领域。是中国乃至世界最具规模的设计公司之一，被评为建筑设计行业"高新技术企业"。

累计完成2万多项工程的设计和咨询，作品遍及全国31个省市自治区及全球20余个国家和地区，其中700多项工程设计、科研项目、规范标准获国家、住房和城乡建设部以及上海市优秀设计和科技进步奖。代表作品有：上海图书馆（新馆）、上海博物馆（新馆）、厦门行政中心大会堂、金茂大厦、上海世博会中国馆工程、上海体育场、新锦江大饭店、绍兴大剧院、上海市市政大厦、上海证券大厦等。

公司拥有包括中国工程院院士，全国工程勘察设计大师，国务院批准享受政府津贴专家，国家有突出贡献中青年专家，教授级高级工程师及国家注册建筑师、工程师、规划师、咨询师等一大批资深专家和技术人才。多年来累计主编、参编各类规范110余项，各类国家、上海市标准设计20余项，拥有授权发明专利3项、实用新型专利10项，拥有著作权的各专业软件20项。

除上述设计公司以外，深圳洪涛集团股份有限公司、苏州金螳螂建筑装饰股份有限公司、北京清尚建筑装饰工程有限公司等建筑装饰专业承包企业，亦具有较强的建筑声学设计能力和突出的业绩。特别是中孚泰文化建筑股份有限公司，是最典型的建筑声学工程专业承包商，国内近十年竣工的大剧院、音乐厅、大会堂等重大的建筑声学工程，半数以上由中孚泰参与设计施工。由于这些公司都是设计与施工一体化的企业，其业务重心是施工，对他们的介绍放在建筑声学工程施工企业部分。

三、发展现状

目前，国内建筑声学设计单位的设计水平总体较高，在某些声学技术方面达到国际先进水平，且在中国传统文化、文艺演出建筑的声学设计方面具有独到之处。国内建筑声学设计单位之所以具有较高的设计水平，其主要原因有以下四点。

第一，尽管中国建筑声学研究力量较弱、人才培养步伐较慢，但中国建筑声学起步于20世纪50年代，至今已具备了较好的研究实力、较高的科研水平。第二，过去十几年来，中国经济快速发展，人们的生活水平逐步提高，人们对建筑的声学需求越来越大，促使建筑声学设计单位不断提高设计水平。第三，中国城镇化建设快速发展，对声学要求较高的公共建筑、文化建筑如雨后春笋般地建设起来，这为国内声学设计师提供了丰厚的技术实践舞台。第四，中国广阔的建筑声学工程市场吸引了大批国际知名建筑设计师参与中国项目，国内建筑声学设计师有机会与国际知名建筑设计师合作或同台竞技，并从中不断学习和借鉴，进而整体提高了国内声学设计单位的技术水平。

还需要指出的是，目前全国专职、专业做建筑声学工程设计的单位并不多，已有的主要是一些历史上形成的国有企业单位，如中国建筑设计研究院有限公司、北京建筑设计研究院有限公司、北京清华同衡规划设计研究院有限公司。而且，这些建筑声学设计单位也主要是这些国有企业单位的一个下属部门而已，真正以单独建筑声学设计为业务的单位非常少见。

专职、专业做建筑声学设计的单位不多，其主要原因是：一方面大多数的业主对专业建筑声学设计不重视，认为只要有建筑设计师进行设计就足够了；另一方面，很多建筑装饰施工企业做大、做强之后，逐渐成立了自己独有的建筑声学设计研究院（所、部门），这样做除了减少建筑声学设计费用外，还彰显了自己在业内的实力。

另外，还需要指出的一点是，近些年来，随着中国与国外交流、交往的深入发展，很多国际知名建筑设计机构也进入中国规模宏大的建筑设计市场。目前，在国内参与中国建筑声学工程项目且较具影响力的国外建筑设计单位有：扎哈·哈迪德建筑事务所、安藤忠雄建筑事务所、法国NDA建筑事务所等，其参与的国内建筑声学工程如表3-1所示。这些国外建筑设计单位具有较好的建筑声学设计水平，因此在建筑结构、外观设计的同时，也参与了部分室内声学设计。

表3-1 国外建筑设计单位及参与项目

建筑设计单位名称	参与工程项目名称
扎哈·哈迪德建筑事务所	青奥中心（会议中心）剧场部分装饰装修工程
德国GMP建筑事务所	广西文化艺术中心
MAD建筑事务所	哈尔滨大剧院室内装饰、装修工程
安藤忠雄建筑事务所	上海保利大剧院
法国NDA建筑事务所	安徽广电新中心一期内装饰（第八标段）工程
匈牙利Zoboki Demeter联合建筑设计所	深圳市南山文体中心建筑声学及剧院系统集成工程

前文已述，国外进入中国建筑设计市场的机构，也普遍参与建筑声学工程设计，除了上述提及的设计机构安藤忠雄建筑事务所等外，还有德国Mueller-BBM（集团）公司；马歇尔戴声学有限公司、德国奥尔韦伯建筑设计事务所等。安藤忠雄建筑事务所设计了上海保利大剧院的室内声学，在国内赢得了赞誉。扎哈·哈迪德建筑事务所参与了长沙梅溪湖国际文化艺术中心项目大剧院室内装饰装修中的室内声学设计；德国GMP建筑事务所参与了广西文化艺术中心的室内声学设计；马歇尔戴声学有限公司参与了江苏大剧院、陕西大剧院的室内声学设计；德国奥尔韦伯建筑设计事务所参与了沈阳文化艺术中心的室内声学设计。

第三节 施工单位

一、定义及市场地位

建筑声学工程施工单位是指从事土木工程、建筑工程、线路管道和设备安装工程及装修工程的新建、扩建、改建和拆除等与声学有关活动的单位，泛指施工单位。建筑声学工程施工单位一般通过招投标成为中标人，与业主签订建筑声学工程施工合同，其通常被称为"乙方"。

施工单位是建筑声学工程的"中流砥柱",因为无论什么样的建筑声学设计,即便再完美,最终也需要施工单位来实现,离开了施工单位,所有的建筑声学设计都会变为"纸上谈兵"。而事实上,施工单位也并非照本宣科式地按照声学设计施工,其也有深化图纸的重要作用,从这一个角度来说,其工作也是主动性的、开创性的,包含了一部分声学设计的属性。此外,施工单位掌握施工进度,在过于追求施工工期的国内市场来说,施工单位的重要性越发凸显。施工单位与建筑设计师和建筑声学设计师的紧密、融洽配合,是施工质量、施工工期获得较好保障的基础。

二、施工单位类型

按照不同的界定标准,可以将建筑声学工程施工单位分为不同的类型。按照前述建筑声学工程的特点及建筑声学工程的业务类型来看,主要可以分为"建筑工程项目总包商"和"室内声学专业分包商"两类;按照施工单位的所有制性质来看,主要可以分为"国营"和"民营"两类。

总体而言,目前国内建筑声学工程几乎均以"总包"的形式进行,占比高达80%。在近五年的"中国建设工程鲁班奖(国家优质工程)"和"中国建筑工程装饰奖"的获奖项目中,超过90%的项目带有室内声学施工子项目,这也从侧面说明,建筑声学工程与建筑工程紧密相关,其为建筑工程的一个重要细分领域。而从另一个视角来说,建筑声学工程项目自身的专业性是项目获奖的重要加分项。从建筑声学施工企业的性质来看,国有企业占41.67%,民营企业占58.33%,民营企业依然是建筑声学施工的"主力军",占据了一半以上。

1. 建筑工程总包商

从项目总包的单位来看,几乎百分之百的为国有企业,而且是大型的、具有较强实力的国有企业。其中,中国建筑集团有限公司是这一市场领域的"巨鳄",占据了整个建筑声学工程市场总包业务的50%,而其第八工程有限公司更是这一市场领域"巨鳄中的巨鳄",其又占整个市场50%中的50%。广西文化艺术中心、江苏大剧院、敦煌大剧院、南京青奥中心等均由中建八局担当总包。

除此之外,中国建筑一局(集团)有限公司、中国建筑第二工程局有限公司、中国建筑第三工程局有限公司和中国建筑第五工程局有限公司也是佼佼者,经常出现在建筑声学工程项目的总包名录中,总包项目包括山西大剧院、重庆国际展览中心等。

另外,北京、上海、浙江等地的国有建筑企业,例如北京城建建设集团有限公司、北京建工集团有限责任公司、北京市第三建筑工程有限公司、上海建工集团有限责任公司、浙江省建工集团有限责任公司等,也是建筑声学工程市场的一支重要力量,参与总包的项目有:长沙梅溪湖国际文化艺术中心、宜兴市文化中心、上海大剧院大修改造工程、哈尔滨大剧院、浙江音乐学院等。

(1) 中国建筑第八工程局有限公司（简称"中建八局"）

始建于1952年，1983年整体改编为企业，注册资本为95亿元；为世界500强企业——中国建筑股份有限公司的全资子公司。

截至2012年底，共获国家科技进步奖6项，省部级科技进步奖254项；拥有专利357项（发明专利57项）；编制国家级工法30项、省部级工法357项。

现有员工2万多人，其中拥有享受国务院特殊津贴专家、教授级高级工程师、鲁班传人、高级职称等专家人才1700多名；英国皇家特许建造师、国际杰出项目经理、国家注册一级建造师、注册结构工程师、注册建筑师、全国优秀项目经理等高端人才1600多名。

(2) 中国建筑一局（集团）有限公司（简称"中建一局"）

成立于1953年，是新中国第一支建筑"国家队"。1994年中建一局被确定为全国百家现代企业制度改革试点单位，在中国建筑行业率先推行现代企业制度。1995年10月中国建筑一局（集团）有限公司成立，为世界500强企业——中国建筑股份有限公司的全资子公司。

中建一局创立了很多"第一"的工程：世界第一高（2008年）——上海环球金融中心；中国第一高写字楼（2016年）——深圳平安国际金融中心；世界钢混结构第一高、欧洲第一高（2008年）——俄罗斯联邦大厦等。是中国建设领域首家荣获中国政府质量领域最高奖——中国质量奖的获得者；拥有53项工程鲁班奖、67项国家优质工程奖、19项国家级科技奖、12项科技创新工程奖——詹天佑大奖、700余项国家专利、343项省部级科技进步奖；主持编制了34项国家行业地方标准、40余项国家级工法、290余项省部级工法。

中建一局员工逾2.4万人，拥有2300余名国家注册一级建造师和19名享受国务院津贴专家。中建一局有全资企业和控股企业30余家，银行授信总额超过800亿元，具有AAA级资信等级，注册资本70亿元，位居建筑行业前列。

(3) 中国建筑第二工程局有限公司（简称"中建二局"）

最早组建于1952年，注册资本50亿元，是世界500强企业——中国建筑股份有限公司的全资子公司。是国内唯一掌握火电、水电、核电、风电和新能源电厂等综合施工技术的企业。

代表工程有：长沙九龙仓国际金融中心（湖南第一高楼452米）、上海迪士尼宝藏湾园区、大亚湾核电站、岭澳核电站（一期、二期）、深圳赛格广场、北京奥林匹克运动会射击馆、北京国贸大厦、国家天文台FAST射电望远镜、京新高速公路临白段、上海五角场万达广场、郑州国际会展中心、深圳市民中心、天津港国际邮轮码头、天津环球金融中心（津门）、空中华西村、海南国际会展中心、福州环岛路、郑州南水北调桥梁等。

获得鲁班奖100余项、詹天佑大奖10余项，被评为"全国重合同守信用企业""全国文明单位""全国优秀施工企业""全国建筑业先进企业""全国五一劳动奖""全国竞争力百强企业第二名"和首批"AAA企业信用等级"等称号。

公司有享受政府特殊津贴专家及教授级高级工程师47人，高级专业技术人才1700余人，中级专业技术人才4000余人，注册一级建造师2000余人，其他注册人员900余人。

(4) 中国建筑第三工程局有限公司（简称"中建三局"）

最早成立于1965年，注册资本为30亿元，是世界500强企业——中国建筑股份有限公司的全资子公司。中建三局拥有建筑工程、市政公用、公路工程及石油化工四大类12项特级资质。

承（参）建了包括上海环球金融中心（492米）、北京中国尊（528米）、天津117大厦（597米）在内的全国20多个省区市的第一高楼；作为总承包主建或参建的500米以上超高层建筑有7座（全国共8座）。累计获得243项鲁班金像奖（国家优质工程奖）、22项詹天佑大奖。获得国家科技发明奖15项，省部级科学技术进步奖230项，国家专利1414项，主、参编国家及行业标准42项。2018年中建三局实现合同额4553亿元、营业收入2373亿元。

拥有30名享受政府特殊津贴人员，37名英国皇家特许建造师/测量师，3476名国家注册建造师；中高级技术职称人才7547人，可同时组建1000余个大型项目管理团队；合作优质劳务分包商1000余家。

（5）中国建筑第五工程局有限公司（简称"中建五局"）

创立于1965年，注册资本为60亿元，是世界500强——中国建筑股份有限公司的全资企业。中建五局的主营业务是房屋建筑施工、基础设施建造、投资与房地产开发；拥有房建、市政、公路"三特三甲"资质。

承接300米以上超高层项目30多个，代表作有：武汉瑞安永清商务国际金融中心项目（438米）、东莞国贸中心（428.8米）、长沙世贸中心（345米）、深圳湾壹号（342米）等。承建超100座大型公共场馆，代表作有济南奥林匹克体育中心游泳馆工程、长沙市国际会展中心、福州海峡国际会展中心、郑州新郑国际机场综合交通换乘中心工程；承建商业综合体近100座，代表作有长沙湘江欢乐城、武汉瑞安永清商务国际金融中心项目。

中建五局相继获得中国建筑工程质量奖鲁班奖近100项、国家优质工程奖50多项、詹天佑大奖11项、全国市政金杯奖30余项、火车头奖8项。全局拥有3万名员工，博士后、博士、教授级高级工程师等高端人才3000多人，本科及以上学历人才占比80%以上。

中建五局总资产过1000亿元，累积投资额超3000亿元。21世纪以来，主要经济指标以年均两位数速度增长，2019年合同额超2500亿元，营业收入超1150亿元。

（6）北京城建集团有限公司（简称"北京城建"）

北京城建成立于1993年，是以工程总承包、房地产开发、设计咨询、经营生产和资本运作相结合的大型综合性建筑企业集团。北京城建组建以来，已优质快速地完成了一大批国家、省市重点工程、外资工程和国际工程，代表工程有：北京大兴国际机场、国家体育场、国家大剧院、国家博物馆、国家体育馆、中国国学中心、北京奥林匹克运动会篮球馆、奥林匹克村、首都国际机场3号航站楼、银泰中心等国家和北京市重点工程，以及北京城市副中心、北京世园会项目集群和国内外多个城市的地铁、高速公路等重大工程。北京城建156次荣获中国建筑业鲁班奖、国家优质工程奖和詹天佑大奖。

北京城建集团注册资本为30亿元，现有总资产超过3000亿元，营业收入超过1000亿元。

（7）北京建工集团有限责任公司（简称"北京建工"）

成立于1953年，是北京建工集团的核心企业。其前身为北京市建筑工程局，1984年改为北京市建筑工程总公司，1992年改制为北京建工集团，1999年改制为北京建工集团有限责任公司。

北京建工是以工程建设业、房地产开发为主业，集建筑设计、建筑科研、设备安装、装饰装修、市政路桥、环保节能、物流配送等为一体的大型企业集团。

建工集团承建了北京市绝大多数标志性工程，在各个年代评选出的40项"十大建筑"中，建工集团入选22项；在"建国60年百项经典暨精品工程"评选中，建工集团入选8项，包括天安门广场建筑群、国家图书馆、民族文化宫、北京饭店、北京首都机场航空港、北京地铁1号线等等。已获得建筑业最高奖——鲁班奖53项，国家优质工程奖27项，中国土木工程詹天佑奖22项，获奖数量居全国同行业前列。集团重视科技创新，累计获得科技进步奖303项，其中国家级39项，省部级58项，拥有国家级工法37项。

（8）上海建工集团有限责任公司（简称"上海建工"）

前身为创立于1953年的上海建筑工程管理局，1994年整体改制为以上海建工（集团）总公司为资产母公司的集团型企业。上海建工具备为客户提供从投资、建设、勘察、设计到建造、运维、更新等为一体的建筑全生命周期服务能力，具有"建筑施工、设计咨询、房产开发、城建投资、建材工业"五大事业群。

公司承建了一大批重大和标志性建筑项目，如磁浮列车示范线、金茂大厦、东方明珠广播电视塔和上海国际会议中心二期、上海浦东国际机场、上海科技馆、上海博物馆、国家大剧院、上海大剧院、上海东方艺术中心、恒隆广场、明天广场、外滩金融中心、上海国际赛车场、上海体育馆、上海游泳馆、上海体育场、松江大学城、同三国道（上海段）、延安路高架（中段）、地铁南站等。"上海建工"累计获鲁班奖114项、詹天佑大奖53项。

上海建工拥有2位中国工程院院士、2位何梁何利基金获得者、7位国家级设计大师、18位上海市领军人才、55位享受政府特殊津贴专家、10人荣膺"上海工匠"称号；拥有240多位教授级高级工程师以及200多名博士；具备一级建造师执业资格的员工超过3100位。

公司注册资本为89亿元。2019年新签合同额3608.47亿元；营业收入2054.97亿元；归属上市公司股东净利润39.30亿元。

（9）浙江省建工集团有限责任公司（简称"浙江建工"）

成立于2002年，是集工业与民用建筑施工、安装、装饰、幕墙、市政、基础打桩、特种结构等多元经营为一体的国家大型股份制集团企业。有国家房屋建筑工程施工总承包特级资质，有五个工程承包等一级、一个工程承包二级资质。

有工程技术、经济专业人员8000余名，高、中级技术人员4000余名，项目经理（建造师）800余人。企业年总产值400亿元，年施工面积4000万平方米以上。浙江建工创出中国建筑工程质量鲁班奖、国家优质工程金（银质）奖、全国市政金奖示范工程等国家和省部级优质工程500余项，有60多项科技成果获省级以上表彰，有省级、国家级工法70多项，有发明专利40多项、实用新型专利100多项。

企业注册资金为3.2亿元，净资产为3.6亿元，年完成总产值100亿元。

2.建筑装饰与声学工程专业承包商

由于建筑的声学功能，主要是通过建筑空间的设计和营造来实现的，所以建筑声学工程与建筑装饰工程高度融合，一体化进行。在工程实践中，建筑声学工程施工单位同建筑装饰装修施工单位往往具有"同一性"，即建筑声学工程施工单位大多是建筑装饰工程专业承包商建筑。

（1）中孚泰文化建筑股份有限公司（简称"中孚泰"）

成立于2000年。中孚泰始终专注于剧院建设，在以大剧院、音乐厅、会议中心、多功能厅等为代表的传统剧院建筑和以主题秀场、体育场馆及演艺中心、社区文化中心、电影院、私人会所、私人视听室、KTV等为代表的新兴剧院工程中积累了丰富的经验，逐步形成了从声学设计、声学装饰到音响灯光、舞台设备配置等为一体的集成建设解决能力，是剧院建设专家与领导者，是中国建筑装饰行业中专业化发展的典范。

从近五年的数据来看，全国共有17个1200座及以上大剧院、音乐厅、会议中心、文化艺术中心等类别建筑项目获鲁班奖，其中中孚泰参建8个，占47%；有27个1200座及以上大剧院、音乐厅、专业会议厅类建筑项目获全国建筑工程装饰奖，中孚泰参建了14个，占52%。从近十年的数据来看，全国共有29个1200座及以上大剧院、音乐厅、会议中心、文化艺术中心等类别建筑项目获鲁班奖，其中中孚泰参建了9个，占31%；有51个1200座及以上大剧院、音乐厅、专业会议厅类建筑项目获全国建筑工程装饰奖，中孚泰参建了22个，占43%。

（2）深圳洪涛集团股份有限公司

成立于1985年，是建设部核定的全国首批设计、装饰"双甲"企业，拥有建筑装饰装修、装饰设计、建筑幕墙、城市及道路照明、建筑智能化、机电设备安装、消防设施等8项专业承包一级/甲级资质；业务涵盖装饰设计、施工、饰材研发生产三大领域。专注高端大堂、大剧院、国宾馆装饰、五星级标准酒店装饰等细分市场。

拥有中国建筑装饰协会授予的"全国建筑装饰行业酒店类最佳专业化装饰企业""全国建筑装饰行业影剧院类最佳专业化装饰企业""全国建筑装饰行业国宾馆类最佳专业化装饰企业""中国建筑装饰三十年文体场馆专业化百强企业""中国建筑装饰三十年酒店空间专业化百强企业""中国建筑装饰三十年影剧院专业化百强企业"等称号。

截至2018年底，洪涛共获得包括鲁班奖、全国建筑工程装饰奖在内的各类荣誉2000余项。企业注册资本为12.49亿元；2019年总资产为117.06亿元，实现营业收入40.32亿元、利润总额1亿元。

（3）苏州金螳螂建筑装饰股份有限公司

成立于1993年，是一家以室内装饰为主体，融幕墙、家具、景观、艺术品、机电设备安装、智能、广告等为一体的专业化装饰集团。公司相继打造了如北京奥林匹克运动会主会场（鸟巢）、北京人民大会堂、国家大剧院、国家博物馆、G20杭州峰会主会场、青岛上合峰会会场、上海中心、南京青奥中心、南京牛首山佛顶宫、无锡灵山梵宫、尼山胜境等工程，并成为四季、希尔顿、喜达屋、洲际、万达、万豪、香格里拉、凯宾斯基、雅高、苏宁等一系列国际酒店管理集团的设计施工服务商。

截止到2019年，金螳螂已获得中国建筑工程鲁班奖113项、全国建筑工程装饰奖403项，成为行业获得"国家优质工程奖"最多的装饰企业。是中国民营企业500强、中国服务业企业500强企业、ENR中国承包商80强、中国工程设计企业60强，被评选为"中国受尊敬上市公司10强"和"中国企业公民商德奖"，连续三年被美国福布斯杂志授予"亚太地区上市公司50强"，连续多年被评为"中小板上市公司50强"。企业现有职工17363人（2019年）；有6000多人的设计师团队（其中1600多名外籍设计师），其中有30名全国最具影响力资深设计师和183名全国杰出中青年设计师；拥有一支500多人的注册一、二级建造师，项目经理队伍。

公司注册资本为26.76亿元，2019年总资产为383.15亿元，实现营业收入308.53亿元、利润总额26.88亿元。

（4）浙江亚厦装饰股份有限公司

成立于1995年，专注于高端星级酒店、大型公共建筑、高档住宅的精装修，并在机场铁路、商业综合体、银行金融机构、医疗机构、艺术文化机构等大型公共建筑的设计装修方面具有领先优势。

公司先后承接了北京人民大会堂浙江厅、北京首都国际机场国家元首专机楼、青岛奥林匹克帆船中心、上海世博中心、上海浦东国际机场、中国三峡博物馆、中国财税博物馆、中国海洋石油总公司办公大楼等国内知名大型公共建筑以及北京御园、杭州留庄、阳光海岸、金色海岸、鹿城广场等高档住宅的精装修工程，同时承接了四季、悦榕、万豪、洲际、凯悦、希尔顿、喜达屋、雅高、香格里拉、温德姆等世界顶级品牌酒店的精装修工程。

截至2019年12月，亚厦共荣获国家级奖项1078项，省部级优质工程奖2244项，拥有国家专利3244项（其中工业化专利2258项），获奖数量在行业内处于领先地位。连续14年荣膺中国建筑装饰行业百强企业第二名、中国建筑绿色环保设计五十强企业、中国品牌价值500强、中国民营企业500强、中国建筑业竞争力百强企业、浙江省建筑装饰行业领军企业，并率先在行业内被认定为"高新技术企业"。

公司注册资本为13.40亿元；2018年企业实现营业总收入91.99亿元、净利润3.69亿元。

（5）中建八局装饰工程有限公司

成立于2002年，注册资本为5亿元。公司具有建筑装饰装修工程施工一级和设计甲级、建筑智能化施工一级、建筑幕墙施工一级和设计甲级、金属门窗工程施工一级资质的企业，形成了以室内装饰、建筑幕墙、建筑智能化、装饰设计咨询、装饰总承包管理为主的五大经营板块。

公司代表性工程有：西安凯宾斯基大酒店、沈阳皇朝万鑫酒店、三亚亚龙湾万豪大酒店、三亚福鹏酒店、阿尔及利亚喜来登大酒店、上海齐鲁万怡大酒店、北京东直门交通枢纽结合体、大连快轨、南京地铁、上海地铁7号线和10号线、广州地铁、重庆地铁、北京首都国际机场3号航站楼、济南遥墙国际机场、昆明长水国际机场、京沪高铁虹桥站厅、上海世博园世博轴、大连文化广场、鄂尔多斯大剧院、深圳世界大运会主体育场、武汉体育馆、南京水游城、广州天河体育中心、郑州国际会展中心、西安国际会展中心、海口会展中心、温州博物馆、大连老虎滩、湖北新闻大厦、山东广电中心、重庆渝中区政府办公大楼等。

公司现有在职职工620人，各类专业技术人员450名，注册建造师50余名。总结了100余项装饰施工成熟技术、成熟工艺和成熟经验，获得各级科技进步奖21项，申请专业技术14项。公司荣获10项鲁班奖、16项全国建筑工程装饰奖、"中国建筑装饰行业100强企业""上海建筑装饰企业30强""上海市优秀建筑装饰设计与施工企业"等称号。

（6）北京清尚建筑装饰工程有限公司

是住房和城乡建设部批准的建筑装饰装修工程设计与施工一体化壹级企业。公司前身是中央工艺美术学院环境艺术设计工程公司，2001年9月改制后由清华大学控股，2005年6月更名为北京清尚建筑装饰工程有限公司，注册资本6800万元。

公司承接了中国美术馆、清华大学美术学院、毛泽东文物馆、邓小平纪念馆、首都博物馆新馆、新保利大厦、上海保利大剧院等工程项目以及与北京奥林匹克运动会、上海世博会、米兰世博会、APEC北京峰会等活动相关的建筑装饰项目。

公司曾多次获得"中国建筑工程鲁班奖""全国建筑工程装饰奖"和"全国博物馆十大陈列展览精品奖"等诸多奖项；连续13年被中国建筑装饰协会评为"百强企业"，是全国本行业中首批通过并连续保持资格的"AAA"级认证单位。

公司有4个子公司、14个设计工程部、10余个直属部门，以及由经营中心管理的数10个项目部和4个经营性分公司，员工达到千余人。清尚设计院下设3个分院、8个设计所、5个研究所以及数十个设计研究室。

（7）深圳市晶宫设计装饰工程有限公司

成立于1985年3月，2004年1月由国有企业成功改制为有限责任公司，注册资本为6236万元。是住房和城乡建设部批准的国家装修装饰工程专业承包壹级、建筑装饰设计甲级、建筑幕墙工程专业承包壹级、建筑幕墙工程设计专项甲级企业；同时拥有机电设备安装工程专业承包壹级、建筑智能化工程专业承包壹级和金属门窗工程专业承包贰级资质；具有国家安全生产许可证，建筑幕墙产品生产许可证和建筑外窗产品生产许可证。

公司承建了许多国家级、省级重点工程。如海南三亚希尔顿酒店、北京希尔顿酒店、东莞塘厦三正半山酒店、广州东方宾馆等五星级酒店、北京天坛饭店、澳门富豪酒店等四星级酒店，青岛奥林匹克帆船中心、北京运动员公寓、北京奥林匹克运动会媒体村、CCTV新台址、北京地铁、首都机场国际头等舱和公务舱新航站楼、海口美兰国际机场、中共中央党校综合楼、深圳市市民中心西区、深圳文化中心、1999年昆明世界园艺博览会中国馆室内及庭园工程等诸多装饰工程和河南邮政大厦、云南曲靖广电中心等幕墙工程。

公司连续9年进入中国建筑装饰行业百强十甲，是中国建筑幕墙行业五十强企业、中国建筑装饰绿色环保设计五十强企业、中国建筑装饰设计机构五十强企业、中国建筑装饰行业唯一绿色设计研究院、中国建筑装饰三十年专业化百强企业（医疗卫生专业类）等。

（8）中国建筑装饰集团有限公司

成立于2010年，注册资本为10亿元，是中国建筑集团的全资子公司。公司拥有装饰、幕墙、园林、建筑智能化设计甲级，装饰、幕墙、机电安装、建筑智能化、古建、园林绿化施工壹级等30多项资质。

中国建筑装饰集团承建了以人民大会堂、中国革命历史博物馆为代表的大型公共建筑装饰工程，以中央电视台新址、北京国贸三期、上海环球金融中心、上海中心大厦为代表的现代化高端写字楼装饰工程，以水立方等20个场馆为代表的高端体育馆装饰工程，以上海世博会西班牙馆等19个展馆为代表的世界级展馆工程，以四季、柏悦、华尔道夫、香格里拉等系列顶级酒店为代表的高档酒店装饰工程，以武汉站、南京南站为代表的基础设施装饰工程，以首都机场T3航站楼、深圳机场T3航站楼、上海浦东国际机场、广州白云国际机场等为代表的大型机场设施装饰工程，以上海地铁、北京地铁、深圳地铁等为代表的轨道交通装饰工程，以巴哈马大型海岛旅游度假村、阿尔及利亚嘉玛大清真寺、巴基斯坦贝布托国际机场为代表的海外装饰工程，以美国纽约"寄兴园"、德国慕尼黑"芳华园"、西安世博园、北京奥林匹克公园为代表的园林工程，受到业主和社会各界的广泛好评。

公司连续多年被评为"全国优秀施工企业"，荣获鲁班奖101项，国家优质工程奖58项，全国建筑工程装饰奖160项，各类省市级奖项2000多项，是中国装饰行业内获得重要奖项最多的企业集团。公司现有各类技术人员6176人，其中高级职称人才313人，一级注册建造师390人，全国优秀项目经理161人。

三、发展现状

总体而言，建筑声学在中国国内的建筑市场上并没有受到足够的重视，建筑声学工程仍是建筑工程市场上一个较小的细分市场，这也导致直至现在，中国国内市场上专业从事建筑声学施工的单位并不多。而大多数从事建筑声学工程施工的单位，主要还是以普通建筑装饰工程为主，把建筑声学工程作为副业。通过分析中国建筑装饰市场施工单位的总体情况可以发现，其业务的同质化程度非常高，而在这些工程中，门类繁多，可谓琳琅满目，例如有酒店、机场、车站、剧院、写字楼、住宅等。而即便分析中国建筑装饰市场前100强的施工单位也可以发现同样的问题，用一句话来概括他们的业务范围就是：无论什么样的建筑装饰工程，都能干。

事实上，建筑声学装饰工程的施工是比较复杂的，不同于一般的项目工程装饰，它涉及声学材料的选择、光电系统的集成、声学工艺的处理等，对施工技术要求较高，对施工工艺要求更为精细。同时，建筑声学工程除了要具备一般的建筑施工要求外，还必须要达到建筑声学施工要求，施工完工后还需要经过严格的声学测试。而这，也正是涉足建筑声学工程的施工单位不多的一个重要原因。

第四节　材料设备供应单位

一、定义及市场地位

建筑声学工程材料设备供应单位是指，为建筑声学工程的最终落地实施提供建筑声学原材料、设备、装备等软硬件生产施工资料的企事业单位。没有材料设备作为支撑，建筑声学工程将成为无源之水、无本之木，其在建筑声学工程建设过程中起着非常重要的、基础性的作用。

因此，建筑声学材料设备供应单位是建筑声学工程建设中的一个重要的运作主体。首先，其所提供的软硬件资料是建筑声学工程最终呈现的重要载体，因此其质量在很大程度上决定了建筑声学工程的质量，是影响建筑声学工程质量优劣的重要因素。其次，材料设备供应单位能否及时、足量地满足施工单位的采购需求，是建筑声学工程能否按时完工的重要保障，因此其在一定程度上决定了建筑声学工程的工期。最后，材料设备供应单位所提供的软硬件生产资料的价格直接影响了施工单位的生产成本，因此，其能否提供物美、保质、价廉的产品对施工企业降低生产成本、提高经营利润至关重要。

二、供应单位类型

1. 装饰材料单位

（1）上海三达利装饰材料有限公司

成立于1994年，注册资本为250万美元。生产浮雕纤维石膏装饰材料系列产品、玻璃纤维纱，销售自产产品并提供本公司产品的安装服务（涉及许可经营的凭许可证经营）。

（2）上海银桥装饰材料有限公司

成立于1995年，注册资本为200万元。经营范围包括天然石膏线、高强石膏、玻纤水泥复合板、硅钙板的制造、加工、批发、零售，建筑装修装饰工程专业施工，建筑材料、装饰材料、木材、木制品、金属材料、卫生洁具、瓷砖、石材、五金交电、水暖器材及零配件批发、零售。

（3）大连亿林木业有限公司

成立于2015年，注册资本为1000万元。经营范围包括体育场馆地板及大剧院舞台地板制作及安装，生产木材单板、特种胶合板、复合地板、家具、木制品，装饰装修工程施工，货物，技术进出口等。公司代表作有：敦煌大剧院、香格里拉大剧院、青岛四方大剧院、张掖大剧院、上海中国大戏院、成都都市音乐厅、榆林文化艺术中心等。

（4）广州市丽江椅业有限公司

成立于1998年，注册资本为1000万元。致力于为各类公共空间提供专业、整合的公共座椅整体解决方案。公司拥有礼堂椅、影院椅、剧院椅、等候椅、课桌椅、汽车座椅、办公家具等产品线，是一家集研发、生产、销售、服务于一体的现代化企业。曾为北京奥林匹克运动会、上海世博会、广州亚运会等大项目提供过完整的座椅解决方案。

2. 声学材料单位

（1）广州市五羊艺冠声学材料有限公司（简称"五羊艺冠"）

成立于2005年，注册资本为200万元，是一家专注于高端声学材料、饰面板的专业制造商。拥有吸声材料、隔声材料、饰面板、立体波浪板及工艺通花板等多个生产车间，是目前华南地区极具规模的声学材料及装饰面板生产企业。公司为自营进出口企业，产品50%出口到国外。

（2）广州声博士声学技术有限公司

成立于2008年，注册资本为666万元。专注于建筑及工业噪声控制、建筑空间声环境构造，专业于技术解决方案及产品研发制造。拥有行业首家建立自主声学检测中心，先进的混响测试室、隔音测试室、多项安全性能检测仪设备，公司在"声环保/新材料"领域突破多项科研成果，借此获"国家科技型中小企业""广州市两高四新企业""番禺区民营科技创新百强企业"等称号。

（3）广东丽音声学科技有限公司

成立于2006年，注册资本为1000万元。聚焦专业声学领域，是一家集研发、生产、设计、产品销售、安装实施、售后服务为一体的专业声学公司。曾先后参与上百个公共文化设施项目声学建设，是核心声学产品供应商及系统集成服务商。代表项目有：广东奥林匹克体育中心、合肥滨湖国际会展中心、宝能国际体育演艺中心、深圳湾体育馆、云南大剧院、辽宁大剧院、南京青奥中心等。

（4）青岛博时声学材料有限公司

成立于2019年，注册资本为500万元。经营范围包括隔音材料、隔热材料制造、销售，隔热隔音技术咨询服务，室内外装饰装修工程施工，货物及技术进出口。

3.舞台灯光设备单位

（1）广州市珠江灯光科技有限公司

成立于2011年，注册资本为5000万元。是一家专业从事智能化演艺灯光和景观建筑照明产品的研发、生产和销售一体化的国家高新技术企业、国家双软（软件企业和软件产品）企业。产品出口至110多个国家和地区，获得了100多项技术专利和国际品质认证证书。珠江灯光产品被运用到新中国成立60周年庆典文艺晚会、北京奥林匹克运动会开闭幕式、中国国家大剧院等大量具有国际影响力的项目和单位。

（2）湖南明和光电设备有限公司

成立于2003年，注册资本为5000万元。专注于智能化影视舞台灯具、高效节能型LED灯具、高清LED电子显示屏、环保节能型LED商业照明灯具等产品的研发、生产、销售及配套服务。是湖南省质量信用AAA级企业，多个系列产品获3C、欧盟CE及RoHS认证，产品远销新加坡、马来西亚、印度、巴西及欧美等国际市场。

（3）广州彩熠灯光股份有限公司

成立于2007年，注册资本为5738万元，是一家集舞台灯光产品及控制系统研发、生产、销售与服务为一体的创新型高新技术企业。

首创具有独立知识产权的灯光研究所，自主研发和制造大功率摇头灯、演艺灯光控制系统及周边配套设备等多项产品，累计获得授权知识产权300多件，高新技术产品50多项，斩获"中照照明奖""中国红星设计奖""BIRTV产品奖"等专业大奖，连续多年获得中国演艺行业知识产权优胜奖、产品一等奖。

（4）广州市浩洋电子股份有限公司

成立于2005年，注册资本8432.7万元，是一家专注于专业舞台灯光、LED演艺灯光、专业电视及剧场灯光、建筑照明、紫外杀菌灯等产品，集研发、制造、销售、服务、文化创意与工程施工于一体的高新技术企业。曾为上海合作组织青岛峰会、第十三届全国运动会、杭州G20峰会开幕式、北京奥运会等一大批国际级演艺文化项目提供专业优质灯光产品和服务。

（5）广州市明道文化科技集团股份有限公司

成立于2012年，注册资本6372.474万，是一家集文旅创意制作、演艺设备供应和集成项目实施为一体的全案提供商。产品被广泛应用于近几年国内外大量重大项目和知名单位中，例如：建国七十周年天安门广场联欢活动、G20杭州峰会文艺晚会、一带一路国际合作高峰论坛文艺晚会、2018上合组织青岛峰会灯光焰火表演等。

（6）佛山市毅丰电器实业有限公司

成立于1985年，公司集研发、生产、行销于一体，业务覆盖范围有：专业舞台灯光、娱乐灯光、剧场电视台照明、商业照明、建筑园林照明、专业音响、娱乐音响、雾发生器、追光系统、航空箱定制及工程设计安装等服务。公司引进了自动化机器手臂、自动化SMT设备、精密CNC数控冲床、自动化镭射切割、自动化插件机、自动化贴片机等先进设备。

（7）广州市升龙灯光设备有限公司

始创于1995年，注册资本2280万，是一家专业从事舞台舞美、城市亮化智能灯具研发、制造、销售、光亮工程承包及综合设计服务于一体的"国家高新技术企业"。产品与服务曾广泛应用于：杭州G20峰会、北京奥运盛典、中央电视台、欧洲歌唱大赛、拉脱维亚百年国庆、迪士尼乐园、埃及古金字塔、悉尼灯光节、青岛国际啤酒节等各类场所及商业演出。

4. 舞台音响设备单位

（1）广州市锐丰音响科技股份有限公司

成立于1993年，注册资本为9000万元人民币，是集研发、制造、销售、工程、创意为一体的全产业链的集团化企业。创建民族品牌LAX专业音响，自设工厂，拥有自主创新的研发生产销售产业链。2014年顺利通过国家认证认可委员会审批，获得CNAS检验室资质，产品广泛应用于如国家体育场、江苏大剧院和三水大剧院等。

（2）广州励丰文化科技股份有限公司

成立于1997年，注册资本1亿元，是"国家文化和科技融合示范基地""广东省创新型企业"。公司创立的高端数字音频系统品牌lemuse等，先后应用于新疆大剧院、新加坡茨园文化中心项目、武威大剧院、伊利大剧院等项目中。产品和技术曾获"广东省科技进步二等奖""广东省高新技术产品"。

第五节　市场监管单位

一、定义及市场地位

市场监管单位是指负责建筑声学工程市场的监督管理的单位，而本报告所指的市场监管单位，是指对建筑声学工程市场进行组织、引导、监督、检查的单位，非普通、单纯意义上大的监督、管理单位。从广义上来说，凡是对设计、施工单位进行监管的单位均为建筑声学工程市场监管单位，如税务、工商、消防、物价等部门或单位。但本报告重点关注的是对建筑声学工程市场中的技术生产进行监管的单位。

上述市场监管单位主要是通过制定规章、制度，订立建筑声学工程装饰行业建设标准，监督检查这些制度、标准的落实来规范市场有序发展，对整个建筑声学工程行业的健康发展起到了有力的保障作用。这是从整个宏观层面的监管，而实际上很多具体的业务工作均落实在相关部门的各地方组织机构中，比如地方建委。

二、监管单位类型

对建筑声学工程市场进行组织、引导、监督、管理的单位主要是政府相关部门，概括起来主要有：住房和城乡建设部建筑市场监管司、应急管理部安全生产执法局、国家标准化管理委员会等。

1. 住房和城乡建设部建筑市场监管司

其拟订规范建筑声学工程市场各方的主体行为、项目招标投标、施工许可、建设监理、合同管理、工程风险管理的规章制度并监督执行；拟订建筑声学工程建设、建筑业、勘察设计的行业发展政策、规章制度并监督执行；拟订建筑声学工程施工企业的资质标准并监督执行等。

2. 应急管理部安全生产执法局

其宣传、贯彻、执行国家安全生产法律、法规和方针政策；负责建筑声学工程施工单位的安全生产监督检查，开展安全生产执法活动；依法查处建筑声学工程安全生产违法、违章行为和安全生产事故；开展建筑声学工程建设的安全生产检查和隐患整改；监督检查建筑声学工程施工单位的安全培训工作；配合上级安监执法机关调查重特大安全生产事故等。

3. 国家标准化管理委员会

其下达国家标准计划，批准发布国家标准，审议并发布标准化政策、管理制度、规划、公告等重要文件；开展强制性国家标准对外通报；协调、指导和监督行业、地方、团体、企业的标准工作等。其发布了较多有关建筑声学的标准，例如：《民用建筑隔声设计规范》（GB 50118—2010）；《声环境质量标准》（GB 3096）等。

三、发展现状

从市场监管单位的发展现状来看,其均对建筑声学工程市场起到了很好的监管作用。其中,起规范、监察作用的主要是住房和城乡建设部、应急管理部和国家市场监督管理总局(国家标准化管理委员会),这三个部委均为在原来相关部委的基础上合并或新成立的部委,但其原有的对建筑声学工程市场的监管职能依旧存在,且发挥了更大、更好的作用。这主要表现在:第一,建筑声学工程市场在工程招投标、施工许可等各方面更加规范、便利,商业环境更为优化,整个行业发展较快;第二,建筑声学工程市场的安全生产管理水平方面有了进一步的提高,近些年来的重大、特大安全生产事故发生率明显下降;第三,围绕建筑声学工程的相关技术标准、行业标准逐渐增多,为设计、施工等单位的业务开展提供了操作依据。

第六节　行业组织

一、定义及市场定位

行业组织服务单位是指为了促进建筑声学工程行业的不断发展,增强建筑设计、建筑声学设计、建筑声学工程施工人员之间的相互交流,提升建筑声学工程企业的品牌影响力,更好地为广大建筑声学企业、机构、从业人员提供相关服务的行业组织。

这些组织主要围绕建筑、装饰、声学等业务内容,在建筑声学工程设计、施工等单位与政府相关部门中间充任"桥梁",宣贯政府政策、参与行业标准设计、反映设计施工单位诉求,积极提供相关评价、培训等服务,增强行业活力。可以说,围绕建筑声学工程装饰市场的这些行业组织服务单位是建筑声学工程市场必要的、有益的组成部分,缺一不可。

二、行业组织类型

为建筑声学工程市场提供相关服务的行业组织,概括起来主要有:中国建筑学会、中国建筑业协会、中国建筑装饰协会、中国声学学会、中国演出行业协会等。

1. 中国建筑学会

中国建筑学会是全国建筑科学技术工作者组成的学术性团体,于1953年10月23日成立,主管单位为中国科学技术协会、住房和城乡建设部。学会以推进中国建筑文化的大发展大繁荣为中心,贯彻科教兴国和可持续发展战略,团结和组织全国广大建筑科技工作者,坚持"百花齐放，百家争鸣"的方针，倡导严谨、求实的学风，促进建筑科学技术的进步和发展、普及和推广，促进科技人才的成长和提高，为我国城乡建设事业服务。

学会集中了中国建筑界各专业最优秀的专家、学者和工程技术人员，成为政府推进城乡建设最可靠的智囊和助手。学会坚持"学术追求、行业引领、政府助手、会员之家"的办会宗旨，主要任务包括：开展建筑理论研究和实践经验交流；组织国际科技合作与交流；编辑出版科技书刊；展览展示；普及科学知识，推广先进技术；开展继续教育和技术培训工作；举荐和奖励优秀科技成果与人才；为行业发展提供政策与技术咨询；反映会员的意见和要求；办好会员之家，为广大会员和工程技术人员服务。

2. 中国建筑业协会

中国建筑业协会成立于1986年10月，是全国各地区、各部门从事土木工程、建筑工程、线路管道和设备安装工程及装修工程活动的企事业单位、社会团体，以及有关专业人士自愿结成的行业性的全国性的非营利性的社会组织，主管单位为住房和城乡建设部。

中国建筑业协会主要为行业和会员提供以下服务：研究探讨建筑业改革和发展的理论、方针、政策，向政府及有关部门反映广大建筑业企业的诉求，提出行业发展的政策和法规等建议；协助政府主管部门研究制定和实施行业发展规划及有关法规，推进行业管理，协调执行中出现的问题，提高全行业的整体素质和经济效益、环境效益、社会效益；受政府主管部门委托，参与或组织制订标准规范，组织实施行业统计、信用评价、达标评估等工作；引导和推动建筑业企业面向国内国际市场，完善经营机制，保障工程质量和安全生产，积极推广应用先进适用技术，开展节能减排，增强市场竞争力；建立健全行业自律机制，规范行业行为，履行社会责任，开展创先争优活动，表彰优质工程项目、先进企业、优秀个人等；维护会员单位的合法权益，组织开展法律咨询、法律援助，帮助企业协调劳动关系等。

3. 中国建筑装饰协会

中国建筑装饰协会成立于1984年9月，业务指导单位为国家住房和城乡建设部。中国建筑装饰协会贯彻落实国家有关建筑装饰行业的政策法规，协助政府有关主管部门加强建筑装饰行业服务和管理，创新建筑装饰行业服务和管理制度；向政府有关主管部门提出解决本业问题的意见和建议，为正确决策提供依据；制定行规行约，凝聚行业共识，努力健全和维护公开、公平、公正的市场秩序，为企业的发展提供良好的外部环境；积极开展各类培训以及技术、管理等交流活动，开展行检行评，推动行业科技进步及企业整体素质的提高，进一步解放和发展生产力；加强国际交流合作，助力企业开拓国际市场等。

4. 中国声学学会

中国声学学会成立于1985年，是全国声学科学技术工作者自愿组成的学术性、公益性、全国性的社会团体，是中国科学技术协会的组成部分。中国声学学会是独立法人单位，依托单位是中国科学院声学研究所。其业务范围包括学术交流、科学普及、技术推广、项目论证、成果鉴定、书刊编辑、咨询服务、专业培训等。

中国声学学会围绕我国声学科学事业开展学术交流，建立同国外相关科学技术团体与科学技术工作者的友好交往；开展声学科技知识更新教育，帮助会员补充新的声学科学技术知识，发现和举荐人才；普及声学科学技术知识，传播声学科学思想和方法，推广先进声学科学技术，促进科技与经济的结合；对国家声学科技发展战略、政策和经济建设中的涉及声学科学技术事业的重大决策进行科技咨询，接受委托进行科技项目论证、科技成果鉴定、技术职称水平评定，及提供各种技术咨询和技术服务等。中国声学学会专门设立了建筑声学分会，以组织、指导建筑声学研究和实践。

5. 中国演出行业协会

中国演出行业协会于1988年成立，建会之初为中国演出经理家学会，1993年改为中国演出家协会，2012年经民政部批准更名为中国演出行业协会。

中国演出行业协会设有30个省级演出行业协会，拥有近万个会员单位。其主要业务包括：编制《中国演出市场年度报告》；组织行业标准的制定；开展行业自律和行业调研活动；提供政策咨询服务、维护会员合法权益；组织演出经纪人等演出从业人员资格认定工作；举办中国（北京）演艺博览会、中国文化产品国际营销年会等；建立演出行业信用评价体系；建立演艺产品出口公共服务平台，组织国际文化交流和演出项目推广；推动演出行业的标准化、专业化、规范化、国际化发展进程。

三、发展现状

为建筑声学工程市场提供服务的这些行业协会组织近些年来发展较快，发挥的作用较大。这主要表现在：第一，宣传和普及了建筑声学理念，使建筑声学这一装饰细分市场更好、更快地发展起来；第二，组织编写了建筑声学工程设计施工的相关行业技术标准，加强了行业发展的技术规范性；第三，通过评选优秀建筑声学工程，使社会及更多的设计、施工单位关注和重视建筑声学，彰显了建筑声学的魅力。

04

第四章

**建筑声学工程
核心市场的范围及规模**

第一节　核心市场的定义及特征

本报告所指的建筑声学工程核心市场，是指观演建筑及其专门的观演空间的声学设计、施工、维护，包括剧院、音乐厅、大会堂、广播电视演播厅、电影院等。这类工程具有以下特征：首先，具有一定规模的开敞空间，可以容纳不同数量的人群；其次，该空间内的活动人群主要有两类，一类是观众，另一类是表演者。

第二节　核心市场的建设情况

《国家"十二五"时期文化改革发展规划纲要》指出，要构建现代文化产业体系，推动文化产业实现跨越式发展，使之成为新的经济增长点、经济结构战略性调整的重要支点、转变经济发展方式的重要着力点。同时指出，要扩大文化企业对外投资和跨国经营，鼓励具有竞争优势和经营管理能力的文化企业对外投资，兴办文化企业。《国家"十三五"时期文化发展改革规划纲要》指出，着力构建统一开放、竞争有序的现代文化市场体系；创新文化投融资体制，推动文化资源与金融资本有效对接；加强文化消费场所建设，开发新型文化消费金融服务模式。

受国家政策的影响，以及经济发展自身水平的推动，近些年来观演空间的建设发展迅速，直接带动了建筑声学工程核心市场的繁荣。据上述定义界定，建筑声学工程核心市场主要包括以下三类：艺术表演场馆、电影院、广播电视演播厅。但同时，本报告将大会堂列入建筑声学工程核心市场，究其原因，主要是大会堂具有较强的建筑声学需求。大会堂主要是用于大型会议、集会，因此具有较高的声学需求，而其在不用于会议、集会时也常常用于文艺演出，行使观演空间的职能，因而其更具有较高的声学需求。

基于此，本报告将利用国家权威数据分析建筑声学工程核心市场的四类结构及建设情况。

一、艺术表演场馆

按照《中国统计年鉴（2019）》的划分标准，艺术表演场馆主要包含以下几类：剧院（剧场）、影剧院、书场、曲艺场、杂技场、马戏场、音乐厅及其他类。

从狭义的视角来说，艺术表演场馆指的主要的是剧院（剧场）。剧院（剧场）的主要功能为演出歌剧、话剧、京剧、芭蕾舞剧等，通俗理解为适合于高雅艺术及高水平的名团、名剧及名家的节目演出。

剧院（剧场）要求有巨大尺寸的舞台，容纳的观众人数较多。大型歌剧院，座位数一般在1800座以上。话剧院要求观众能听到较为细微的声音，能够看清演员的面部表情，因此话剧院的规模一般不大；大型话剧院，座位数一般在1200座以上。京剧院兼有话剧院和舞剧院的特点，舞台表演区较小；大型京剧院，座位数一般在1500座以上。

《中国统计年鉴（2019）》的数据显示，2018年全国有剧场1130家，影剧院610家，书场、曲艺场32家，杂技、马戏场8家，音乐厅44家，综合性艺术表演场馆287家，其他类艺术表演场馆367家。从该数据来看，书场、曲艺场、杂技场、马戏场的数量较少，而其他年份的数据也表现出了同样的情况。同时，书场、曲艺场、杂技和马戏场的建筑声学需求层次不高，其建筑声学工程量也较小，因此本报告将其从艺术表演场馆中剔除，不再进行深入分析。

近些年来，我国艺术表演场馆的建设速度很快，数量一直呈增加态势。2013年，全国有1332家艺术表演场馆。2015年，国家统计局将民间艺术表演场馆一并进行了统计，全国共有2116家。2016年较2015年增加了145家，为2261家。2017年较2016年增加了158家，为2419家。2018年较2017年增加了19家，为2438家。从艺术表演机构来看，其数量也是一直增加的，2013年全国有8120个艺术表演团体机构，而到了2018年则有17123个，增加了一倍还要多（表4-1）。

表4-1　2013—2018年中国艺术表演场馆情况

年份	2013	2014	2015	2016	2017	2018
艺术表演场馆个数/个	1332	1327	2116	2261	2419	2438
艺术表演团体机构数/个	8120	8769	10787	12301	15742	17123

数据来源：《中国统计年鉴（2019）》及2013—2019年《文化和旅游部发展统计公报》。

2018年，全国艺术表演场馆观众座席数为192.04万个，比2017年增长6.9%；全年共举行艺术演出17.89万场次，艺术演出观众人次5862万人次，艺术演出收入37.44亿元。可见，全国艺术表演市场容量较大。

二、电影院

电影院是观演空间近些年来发展较快的一大分支。其与剧场虽然均为声学场所，但从其发展历史及使用功能技术要求上来说，二者有着明显的不同。剧场的发展历史较早，在没有声、光、电出现的时候，剧场就已经出现了，而电影院是在工业革命之后才出现的，其声音传播主要依靠电声来实现。

2014—2018年11月底，中国地区影院数从4910家增长至10233家，净增5323家。从增长率来看，尽管从2015年开始一直处于下降状态，但中国影院总量一直处于增加趋势，规模庞大（图4-1）。

2012—2018年，中国地区银幕数量从13118块增长至60079块，六年时间增加了46961块，年均增加7827块，年均增长率约59.66%左右。有研究指出，同期美国的银幕数量基本稳定在40000块左右，涨幅非常有限，而且在2014年和2017年均出现了负增长（图4-2）。

《中国统计年鉴（2019）》的数据显示，2010年中国影院的票房收入为157.21亿元，而到了2018年，票房收入高达609.76亿元，八年时间增加了452.55亿元，年均增速约36%。

图 4-1　2014—2018 年中国地区影院数量变化情况

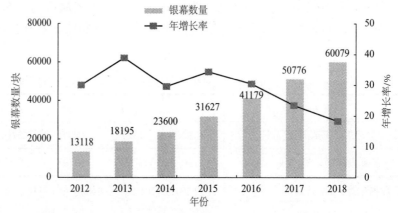

图 4-2　2012—2018 年中国地区银幕数量变化情况

三、广播电视演播厅

1. 广播电视演播厅的类别

随着社会的进步、科技的发展，我国已经进入高速发展的资讯时代。广播和电视作为一种重要的传媒载体，已经成为这个时代必不可少的一部分，而广播和电视节目的制作离不开演播厅。广播电视演播厅是集成声、光、电进行节目创作的空间，是广播和电视机构必备的建筑空间。在广播电视演播厅，声音是节目录制的最基本的要素。

广播电视演播厅对背景噪声、本体噪声、声响均匀度、混响时间等的要求较高，均要进行声学设计，需要非常专业的装饰施工技术。演播厅的主要功能是用于录制、直播节目和广播等语言类节目。因此，演播厅空间的厅堂音质相对其他功能的建筑空间有更加严格和具体的规范细则和施工工艺要求。演播厅的建筑声学设计好坏是评价演播厅建筑空间厅堂音质的重要因素。

按照直播、录制节目的不同，可以将演播厅分为新闻类演播厅和节目类演播厅。新闻类演播厅和节目类演播厅对设备配置、声学环境的要求是不一样的。一般而言，新闻类演播厅的配备、装饰更为先进和全面，同时其更新周期也相对较快，每五年就要更新一次，而节目类的演播厅每十年才需要更新一次。从更广义的角度来说，录音棚、摄影棚也是演播厅的范畴。

按景区性质划分，广播电视演播厅可以分为实景演播厅和虚拟演播厅。按视频清晰程度，还可以分为高清演播厅和标清演播厅。按照面积大小来说，可以分为大型演播厅（800～2200平方米）、中型演播厅（400～600平方米）、小型演播厅（100～300平方米）。其中，大型演播室用于场面较大的歌舞、戏曲、综艺活动等节目，也可分区域进行景区选择。中型演播室用于场面较小的歌舞、戏曲、智力竞赛及座谈会等。小型演播室以新闻、节目预告、样板式教学节目为主。

2.广播电视演播厅的建设规模

（1）广播节目演播厅

目前，我国地级以上广播电视播出机构有500多家。2012年我国公共广播节目套数为2627套，播出时间为1338.37万小时；2018年为2900套，播出时间为1526.74万小时。相比于2012年，2018年我国公共广播节目套数增加了273套，年均增加45.5套，年均增长率为1.73%；播出时间增加了188.37万小时，年均增加31.40万小时，年均增长率为2.35%（表4-2）。

表4-2 2012—2018年公共广播节目套数及播出时间

年份	2012	2013	2014	2015	2016	2017	2018
节目数/套	2627	2637	2686	2782	2741	2825	2900
播出时间/万小时	1338.37	1379.55	1405.83	1421.83	1456.50	1491.88	1526.74

数据来源：《中国统计年鉴（2019）》。

（2）电视节目演播厅

2012年，我国公共电视节目套数为3273套；播出时间为1698.53万小时；2018年为3559套，播出时间1925.03万小时。相比于2012年，2018年公共电视节目套数增加了286套，年均增加47.66套，年均增长率为1.46%；播出时间增加了226.5万小时，年均增加37.75万小时，年均增长率为2.22%（表4-3）。

表4-3 2012—2018年公共电视节目套数及播出时间

年份	2012	2013	2014	2015	2016	2017	2018
节目数/套	3273	3250	3229	3442	3360	3493	3559
播出时间/万小时	1698.53	1705.72	1747.61	1779.60	1792.40	1881.02	1925.03

数据来源：《中国统计年鉴（2019）》。

通过对上述数据进行分析可以发现，2012—2018年，无论是广播节目还是电视节目，其节目套数虽然中间出现了起伏，但总体看一直处于增加态势；其节目播出时间，即便是在节目套数减少的情况下，也一直处于增加态势。数量如此庞大的节目套数及节目时间，毫无疑问需要借助数量众多的工作人员及工作场地来完成，这也就意味着，需要更多的广播电视演播厅来完成。而目前，我国还没有针对广播电视演播厅的统计数据，因此本报告只能对此进行大体推算。一般来说，每套节目都有自己与众不同的主题、特点、风格、制作时间、播出时间等，相应地需要不同的制作人员和演播厅来完成，因此，不同的广播电视节目是难以由同一批工作人员和同一个广播电视演播厅来完成的。从这个意义上来说，全国有多少套广播电视节目就有多少个广播电视演播厅。

四、大会堂

1. 大会堂的类别

大会堂是指某一组织或社会团体用来召开大型会议、重大事件集会、文艺演出等活动的大型公共空间。一般来说，任何一个单位或组织为了更好地开展工作，都会建有会堂，如政府、企事业单位、社会团体等。基于此，可以将大会堂分为：政府机关用大会堂；企业单位用大会堂；事业单位用大会堂；社团组织用大会堂。

一级政府，尤其是县级及以上政府，均会建有大会堂，每年例行的人大会议、政协会议都在大会堂召开。一般来说，政府机关用大会堂具有建筑规模较大、使用频次较高、社会知名度较高等特点。企业单位用大会堂往往由于企业规模、经济实力、社会影响力等因素而具有不同的建筑规模，例如大型国有企业的会堂往往要比一般民营企业的会堂规模要大。事业单位及社团组织用大会堂往往由于组织规模等原因具有较小的建筑规模，甚至很多事业单位及社团组织没有会堂，只建有规模较小、设施相对简单的礼堂、报告厅。

2. 大会堂的建设规模

由于数据获取的原因，本报告只分析政府机关用大会堂的建设规模。由于在中国每一级政府均建有大会堂，因此只要准确掌握了每一级政府机关的数量，也就掌握了大会堂的数量。从国家层面来讲，我国在北京建有"人民大会堂"；从省一级层面来讲，我国31个省、市、自治区（限于建筑声学工程开展，港澳台地区除外）均建有大会堂；从地市一级层面来讲，全国330多个地级区划政府均建有大会堂；从县一级层面来讲，全国2800多个县级区划政府均建有大会堂；从乡一级层面来讲，全国39000多个乡镇区划政府也均建有大会堂（礼堂、报告厅）。无论是地级区划数、县级区划数还是乡镇级区划数（表4-4），均可以通过国家统计局的《中国统计年鉴》获得，这也就意味着，相应地可以获得地级、县级及乡镇一级的大会堂数量。

然而，从建筑声学工程视角来说，乡镇区划一级政府及县级区划政府的大会堂、会堂、礼堂、报告厅等，由于地区经济实力及历史等各种原因，其建筑规模较小、声学功能要求较低，因此，这里不再将其列入研究范围。同时，由于"人民大会堂"具有唯一性和特殊性，其建筑声学工程开展缺乏规模和普遍性，本报告亦不将其列入研究范围，只聚焦

表 4-4　2011—2018 年全国地级、县级及乡镇级区划数　　　　单位：个

年份	2011	2012	2013	2014	2015	2016	2017	2018
地级区划数	332	333	333	333	334	334	334	333
县级区划数	2853	2852	2853	2854	2850	2851	2851	2851
乡镇级区划数	40466	40466	40497	40381	39789	39862	39888	39945

数据来源：《中国统计年鉴（2019）》。

于省一级及地级区划政府的大会堂建筑声学工程研究。但此外，本报告将五个计划单列市的大会堂建筑声学工程列入研究范围，这五个城市是：深圳市、大连市、青岛市、宁波市和厦门市。从行政级别上来说，这个五个城市属于副省级城市；从经济实力上来说，这五个城市在全国具有较强的经济辐射力和影响力。从实际建设来看，这五个城市的大会堂建设和其他省会城市的大会堂建设，无论是从建筑规模上，还是从建设投资额上来说，都并无二致，因此本报告将其列入省一级政府大会堂的建筑声学工程研究范围。

有一点需要注意的是，尽管近些年来中国的行政区划发生过一些变化，但省一级基本上没有变化；地级区划虽有变动，但变动非常小，完全可以忽略不计。相应地，省级、地市级的大会堂近些年来虽有建设，但从全国范围来看，新增的建设工程非常少，本报告也将不再进行考察，研究重点将集中聚焦于这些省级、地市级大会堂的改造更新建设情况。

第三节　艺术表演场馆的市场规模预测

随着艺术审美情趣的增加，审美水平的提高，人们对高雅艺术越来越向往，对艺术表演场馆的追求更强烈，要求也更高。从近些年来各地建设的剧场来看，剧场设计越来越精美，建设投资额越来越大，且普遍将剧场建设成为当地地标性的建筑物。目前，新建或在建的具有一定知名度的剧场的投资规模平均为 8 亿元，部分大剧场例如五粮液成都金融城演艺中心和济南文化中心，剧场建设和配套设施建设的投资已达 50 亿元左右。武汉琴台文化艺术中心（音乐厅）、大连国际会议中心大剧院及山东省会大剧院的投资额也均在 25 亿元左右。这些剧场的建设，几乎采用了同一高标准，座席数均在千人以上。

艺术表演场馆的未来市场规模主要分为两部分：一部分是新增加的艺术场馆建设规模；另一部分是已建艺术场馆的改造、更新带来的市场规模。基于此，本报告研究主要从"增量"和"存量"两个视角对艺术表演场馆的未来市场规模进行预测。电影院及广播电视演播厅未来市场规模的预测也将基于这一思路展开，而大会堂未来市场规模的预测将主要是围绕存量更新改造的思路进行。

一、增量市场规模预测

一般而言，中等规模的文化建筑的建设投资主要分为三部分：一是土建；二是室内装饰；三是机电设备安装。从投资额来说，三者约各占三分之一。前文指出，建筑声学工程就是具有更高的艺术含量、技术门槛和专业化协调程度的建筑装饰工程。建筑声学工程实践也表明，专业化、大型、知名的观演类建筑的声学工程量占室内装饰工程量的 80%，占机电设备安装的

50%左右。这表明，对于建筑声学工程核心市场而言，建筑声学工程的投资额一般来说占整个建筑工程投资额的40%左右。当然，这只是基于经验理论的分析。为了较为科学、准确地测算建筑声学工程核心市场的未来市场规模，本报告经过充分调研已有建筑声学工程投资建设情况，通过大量的样本分析，进而得出一个较为接近实际的比值。

1. 案例调研

为了获取艺术表演场馆声学工程建设的资金投入情况，课题组先后调研了上海大剧院、青岛大剧院、广西文化艺术中心、清华大学百年会堂和音乐厅装修工程等近50项工程，并与工程项目经理、艺术表演场馆经营管理人员等进行了座谈。调研发现，艺术表演场馆的建筑工程投资额在8000万元至35亿元不等。由于不同的场馆类型其投资额差异较大，而且人们耳熟能详的艺术表演场馆往往是知名的大剧院，知名大剧院的造价都非常大，因此，基于"平均数"计算的工程投资额在存在少数知名大剧院造价较高的情况下容易"失真"，因此本报告使用"中位数"来表示艺术表演场馆的平均投资水平。

调研数据发现，艺术表演场馆的平均投资额在2.5亿元左右。同时，根据上文分析，专业化、大型、知名的艺术表演场馆建筑声学工程投资额占整个建筑投资额的40%左右，本报告以中等水平艺术表演场馆的建筑声学工程投资作为标准，取其投资额占整个建筑投资额的40%进行计算，则建筑声学工程投资额的平均水平为：2.5亿元×40%=1亿元。

2. 市场规模预测

要预测艺术表演场馆未来声学工程的增量市场规模，首先需要知道艺术表演场馆未来每年增加的场馆数。表4-1的数据表明，2013—2018年艺术表演场馆的数量波动起伏，但从总趋势来看一直是增加的，尤其是从2015年开始，由于统计口径的变动，增加的态势非常明显，而且增加的数量较大。具体而言，2016年较2015年增加了145个，2017年较2016年增加了158个，2018年较2017年增加了19个。受国家文化产业政策引导的影响，尤其是人民群众普遍提高的精神需求的推动，有理由相信，艺术表演场馆的增量仍将继续延续这一增长态势。

调研数据还表明，世界发达国家尤其是欧美国家，其百万人均剧院数在6个左右。由于文化展现形式的差异，欧美等世界发达国家的艺术表演场馆主要是剧院，所以中国百万人均艺术表演场馆数是可以与其进行比较分析的。以2018年的数据计算，我国有2438个艺术表演场馆，按照14亿人口计算，我国百万人口艺术表演场馆数仅为1.74个。显然，与欧美发达国家相比，我国目前现有的艺术表演场馆数还是比较少的，还有很大的发展空间。

假设我国在20年内达到百万人均艺术表演场馆数为6的话，人口数仍以14亿人左右来计算，那么未来我国艺术表演场馆的总数将达到：14亿人×6个/百万人=8400个，即到2040年我国还将增加艺术表演场馆：

8400–2438=5962个，平均每年还将300个。而根据目前我国艺术表演场馆年增加水平来看，2015—2018年共增加了322个，平均每年增加约107个。尽管我国与国际水平还有较大的差距，但由于我国的国情及未来世界经济形势发展的现实困难，尤其是像2020年遇到的新冠肺炎疫情这样不可预计的事件影响，因此，从保守估计的角度，本报告将2021—2025年我国艺术表演场馆的增加数假定为80个。

基于前述分析，以每个艺术表演场馆的平均投资额为2.5亿元，每个场馆的建筑声学工程投资额占总投资额的40%计算，则从2021年开始，艺术表演场馆每年的增量市场规模为：80个×2.5亿元/个×40%=80亿元。

二、存量市场规模预测

要预测艺术表演场馆声学工程的存量市场规模，只要获得以下两个变量的数据即可：一是需要改造升级的场馆数；二是改造升级的费用。对于第一个变量，已知往年每年新建的艺术表演场馆数，因此只需要知道这些场馆需要改造升级的周期即可。对于第二个变量，目前并无权威来源数据，因此需要进行调研获得。本报告搜集了大量相关案例，力图通过案例分析来获得所需数据。

1. 案例调研

通过上述案例调研分析发现，不同形式的艺术表演场馆，其改造升级周期存在较大差异，但通常集中在6～10年，这里以其平均水平8年期进行预测。从改造升级费用看，差异更大，在几千万～几亿元之间，但从改造升级费用占建筑工程总投资比来看，基本上为20%左右。

上述案例分析为下一步的艺术表演场馆存量市场规模预测提供了必要的数据支撑。

2. 市场规模预测

需要指出的一点是，尽管案例分析表明，艺术表演场馆声学工程的改造升级周期为8年，但并不是N年建设的艺术表演场馆，在$N+8$年时全部进行改造升级，因为受各种因素的影响，很多场馆并没有进行改造。对此，从最保守的角度出发，假设N年建设的艺术表演场馆在$N+8$年时仅有10%的场馆进行了改造升级工程。

此外还需要指出的一点是，尽管艺术表演场馆的改造升级费用规模较大，但其并不完全用于建筑声学的装饰装修工程。前文已述，由于建筑声学工程与建筑装饰工程具有高度关联性，艺术表演场馆的建筑装饰工程很大比例就是建筑声学工程，这一比例高达70%。因此，本报告取改造升级费用的70%作为建筑声学工程费用。

由于艺术表演场馆的改造周期为8年，则2013年的场馆到了2021年即进入建筑声学工程改造升级周期。以此类推，2014年的场馆于2022年进行声学工程改造升级，2015—2017年的场馆，分别于2023年、2024年和2025年进行声学工程改造升级。

假设每年10%的场馆需要进行改造，则可以分别计算得出2021—2025年每年需要改造的场馆数。由于每个场馆的平均投资额为2.5亿元，改造的费用为投资额的20%，其中声学工程部分又占70%，因此可以计算得出每一个场馆声学工程的平均投资额为：2.5亿元×20%×70%=0.35亿元。

由此数据乘以表4-5第三行数据，即可求得2021—2025年艺术表演场馆每年的存量市场规模。计算结果显示，2021—2025年艺术表演场馆的年存量市场规模在40亿～80亿元之间。

表 4-5　2021—2025 年艺术表演场馆声学工程存量市场规模预测

年份	2021	2022	2023	2024	2025
待改造升级场馆数/个	1332	1327	2116	2261	2419
需改造升级场馆数/个	133.2	132.7	211.6	226.1	241.9
存量市场规模/亿元	46.62	46.45	74.06	79.13	84.66

将增量市场规模与存量市场规模相加，即可获得艺术表演场馆声学工程2021—2025年每年的总市场规模（表4-6）。预测结果表明，2021—2025年中国艺术表演场馆建筑声学工程的市场规模在120亿～160亿元之间，年平均为146亿元。

表 4-6　2021—2025 年艺术表演场馆声学工程市场规模　　单位：亿元

年份	2021	2022	2023	2024	2025
增量市场规模	80	80	80	80	80
存量市场规模	46.62	46.45	74.06	79.13	84.66
总计	126.62	126.45	154.06	159.13	164.66

第四节　电影院未来市场规模预测

电影院声学工程市场规模的预测也从增量和存量两个角度进行预测。

近些年来，尤其是近五六年以来，中国电影院的建设与之前相比发生了较大的变化，传统的通过建设单一电影院建筑的形式几乎不复存在，新型的影院建设主要是通过城市商业娱乐综合体一体建设实现的，其建筑声学工程主要是室内装饰工程，或者说，完全就是室内装饰工程。

已知电影院数（图4-1），且每一间放映厅有一块银幕，放映厅和银幕具有一一对应的关系，因此，只要获得了银幕数也就获得了放映厅数。有了放映厅数及放映厅数量的变化，如果再获得每一间放映厅的声学工程投资额及声学改造升级投资额，那么就可以计算得出电影院增量市场规模及存量市场规模。

一、增量市场规模预测

自2013年开始，我国电影院银幕的绝对数量一直处于增加态势，但增加的速率处于下降态势（图4-2）。数据显示，我国银幕数量的增长率从2013年的40%左右下降到2018年的20%以下，即在五年的时间里下降了20%左右，平均每年降低4%。2018年我国银幕的增长率为18.32%。假设2019—2025年的下降水平仍按照上述下降惯性稍低的水平，为2.5%，那么2020—2025年的银幕增长率分别为：13.32%、10.82%、8.32%、5.82%、3.32%、0.82%。

但实际上这是非常理想化、理论化的增长水平，受一些客观因素的影响，尤其是受到一些突发事件的影响，这一增长水平是大打折扣的。2020年年初的新冠肺炎疫情就是非常典型的突发事件，其对电影院行业的打击短期是非常致命的，而从长期来看，随着新冠肺炎疫情不能很快、有效的根除，且具有不断反复的特点，电影院未来的增长是非常不容乐观的。基于此，从较为保守的角度估计，2021—2025年我国银幕数量的增长仍将处于持续下降的态势，而且下降的速度要超过过去的五年。因此，假设2021—2025年银幕数量的增长率在年均下降2.5%的水平上再增加30%的水平，即平均每年下降3.25%。

由此，2020—2025年的银幕增长率分别为：11.82%、8.57%、5.32%、2.07%、–1.18%、–4.43%。据此可以计算得到2021—2025年每年的银幕数量（表4-7第二行数据），进而可以计算得到每年增加的银幕数量（表4-7第三行数据）。

接下来，只要再获得每块银幕对应的放映厅的声学工程装饰投资额，即可计算得出电影院声学工程增量市场规模。为此，本报告实地调研了参与天津市武清区影剧院工程、兴安盟文化中心声学系统集成专业工程、濮阳市工人文化宫室内装饰工程、贺州市文化中心设计变更及续建工程等与电影院相关的声学工程装饰企业，搜集了大量的电影院声学工程装饰费用数据。

表4-7　2021-2025年电影院声学工程增量市场规模预测

年份	2021	2022	2023	2024	2025
银幕数量/块	84476	88971	90812	89741	85765
银幕增量/块	6668	4495	1841	0	0
增量市场规模/亿元	46.68	31.47	12.89	0	0

1. 案例调研

上述案例分析发现，电影院的室内装饰主要是放映厅的声学装饰工程，每一间放映厅的声学工程投资额由于电影院修建的地段、投资商的投资水平、放映厅的座席数等原因而表现出了较大的差异，基本上在30万～400万元的区间范围内。如果去掉规模较小的和较大的放映厅，中等规模水平的放映厅的声学工程投资额集中在50万～100万元之间，从较为保守的角度取70万元作为每个放映厅声学工程装饰投资额。

2. 市场规模预测

据此，可以计算得到2021—2025年电影院声学工程增量市场规模预测（表4-7）。

二、存量市场规模预测

存量市场规模的预测，主要取决于两个变量：一是需要改造升级的放映厅数；二是每个放映厅的声学工程改造升级费用。

由于放映厅的使用频次较高，因此假设：每个放映厅每8年进行一次声学工程改造升级，相应地，2013年修建装饰的放映厅将于2021年进行改造升级，以此类推，2014—2017年的将分别于2022—2025年进行改造升级（表4-8第二行数据）。由于各种因素限制，待改造升级的放映厅并不能全部进入改造升级范围，因此从较为保守的预测视角出发，再假设：待改造升级放映厅中仅有10%进行改造升级（表4-8第三行数据）。

表4-8　2021—2025年电影院声学工程存量市场规模预测

年份	2021	2022	2023	2024	2025
待改造升级放映厅数/个	18195	23600	31627	41179	50776
需改造升级放映厅数/个	1819.5	2360	3162.7	4117.9	5077.6
每间改造升级均费/万元	50	50	50	50	50
存量市场规模/亿元	9.10	11.80	15.82	20.59	25.39

有了上述两项数据，只要再获得每个放映厅声学工程改造升级的费用，即可获得电影院声学工程存量市场规模。

1. 案例调研

从调研的案例分析来看，由于电影院放映厅的使用频次较高，折旧率较高，因此其声学工程改造升级费用较室内声学装饰费用差异不大。综合上述案例，假设平均每个放映厅的声学改造升级费用为50万元。

2. 市场规模预测

基于上述分析，可计算得到2021—2025年电影院声学工程存量市场规模（表4-8第五行数据）。数据显示，2021—2025年我国电影院声学工程存量市场规模在9亿～25亿元之间，平均来看在16亿元左右。

将表4-7所示增量市场规模和表4-8所示存量市场规模加总，即可获得电影院2021—2025年声学工程市场规模（表4-9）。结果显示，2021—2025年电影院声学工程的市场规模平均在35亿元左右，但总体呈缩减态势，其中2021年为最高水平55.78亿元，2024年为最低水平20.59亿元。

表4-9　2021—2025年电影院声学工程市场规模预测　　单位：亿元

年份	2021	2022	2023	2024	2025
增量市场规模	46.68	31.47	12.89	0	0
存量市场规模	9.10	11.80	15.82	20.59	25.39
合计	55.78	43.27	28.71	20.59	25.39

第五节　广播电视演播厅未来市场规模预测

这里对广播电视演播厅声学工程的未来市场规模预测也从增量和存量两个视角进行。

前面已经分析过，虽然目前没有关于广播电视演播厅的直接数据，但基于节目套数可以推算，即有多少套节目相应地就有多少个演播厅。从表4-2及表4-3的数据来看，无论是广播演播厅还是电视演播厅，其规模均较大，在3000个左右。

一、增量市场规模预测

增量市场规模的测算需要两个变量，一个是演播厅的增加量，另一个是演播厅声学工程投资额。从表4-2和表4-3的数据来看，无论是广播演播厅还是电视演播厅，其数量变化趋势总体向上，但期间起伏不定，尤其是电视演播厅的数量变化。因此，选取2013—2018年广播电视演播厅的总体增长水平作为2021—2025年的增量。

前文已述，2012—2018年广播节目套数的年均增长率为1.73%，平均每年增加45.50套，以此作为广播演播厅2021—2025年的增长水平；2012—2018年电视节目套数的年均增长率为1.46%，平均每年增加47.66套，以此作为电视演播厅2021—2025年的增长水平。为了预测方便，统一假设2021—2025年广播、电视演播厅年均增加50个。

对于每个广播电视演播厅的声学工程投资额，由于没有相关权威数据，这里通过调研相关声学工程装饰企业获取样本进行案例分析。这些企业参与的与广播电视演播厅相关的声学装饰工程主要有：中央电视台新台址建设工程、北京电视中心演播楼剧场及辅助用房装饰工程、石家庄广播电视采编播综合业务大楼、江苏广电城、山东广播电视中心综合业务楼、四川广播电视中心、安徽广电新中心一期内装饰（第八标段）工程、云南广播电视台600平方米和800平方米演播室工艺声学装修项目等。

1. 案例调研

无论是广播演播厅还是电视演播厅，其室内装饰设计施工几乎全部是声学功能的装饰，因此其室内装饰费用可全部计算为声学工程投资额。但需要注意的是，由于广播演播厅和电视演播厅的功能存在较大差异，广播演播厅主要在传播声音，功能相对单一，因而声学工程装饰投资额不大；电视演播厅除了传播声音外，还需要传播图像，功能相对复杂，其对声学的要求类似于剧院舞台，因而声学工程投资额相对较大。案例分析表明，电视演播厅的室内装饰与声学工程投资额在250万～500万元之间，取中等规模的演播厅的声学工程投资额350万元作为平均水平。

2. 市场规模预测

基于上述两项数据，2021—2025年电视演播厅声学工程的年增量市场规模为：

$$350 \text{万元}/\text{个} \times 50 \text{个} = 1.75 \text{亿元}$$

二、存量市场规模预测

存量市场规模的测算主要取决于两个变量：一是需要改造升级的演播厅数量；二是每一个演播厅声学工程改造升级的投资额。

假设每一个演播厅的平均改造升级周期为8年，则2013—2017年的广播电视演播厅分别在2021—2025年进入改造升级周期。同时，本报告同样假设每年仅有10%的演播厅进行改造升级，则据此可以得到2021—2025年广播电视演播厅的建筑声学工程存量市场规模预测（表4-10）。

表 4-10 2021—2025 年广播电视演播厅建筑声学工程存量市场规模预测

年份	2021	2022	2023	2024	2025
待改造升级广播演播厅/个	2637	2686	2782	2741	2825
需改造升级广播演播厅/个	263.7	268.6	278.2	274.1	282.5
升级改造平均投资额/万元	150	150	150	150	150
广播演播厅存量市场规模/亿元	3.96	4.03	4.17	4.11	4.24
待改造升级电视演播厅/个	3250	3229	3442	3360	3493
需改造升级电视演播厅/个	325	322.9	344.2	336	349.3
升级改造平均投资额/万元	300	300	300	300	300
电视演播厅存量市场规模/亿元	9.75	9.69	10.33	10.08	10.48
合计/亿元	13.71	13.72	14.5	14.19	14.72

而对于演播厅的声学改造升级工程投资额，则需要对相关企业进行调研取得。

1. 案例调研

通过调研发现，广播演播厅的声学改造升级工程投资额在 30 万～250 万元之间，去除低值和高值，取中等规模演播厅的声学改造升级工程投资额150元万作为平均水平。电视演播厅的声学改造升级工程投资额在 200 万～450 万元之间，取中等规模的演播厅的声学改造升级工程投资额 300 万元作为平均水平。

2. 市场规模预测

将增量市场规模与存量市场规模相加，即可得到2021—2025年广播电视演播厅的市场规模（表4-11）。

表 4-11 2021—2025 年广播电视演播厅声学工程市场规模预测　　单位：亿元

年份	2021	2022	2023	2024	2025
增量市场规模	1.75	1.75	1.75	1.75	1.75
存量市场规模	13.71	13.72	14.5	14.19	14.72
合计	15.46	15.47	16.25	15.94	16.47

第六节　大会堂未来市场规模预测

前文已述，由于行政区划的相对固定和稳定，大会堂的规模也相对固定和稳定，因此对大会堂的未来市场规模预测仅仅从存量规模进行分析。

大会堂存量规模预测需要确定的变量依旧是两个，一个是存量大会堂的改造升级数量，另一个是每一个大会堂声学改造升级工程的平均投资额。前文已经分析过，全国31个省会城市和5个计划单列市，将其合并归为一类，相应地，全国至少有36个省级大会堂；全国有333个左右的地级区划政府，将其合并为另外一类，相应地，全国有333个地级大会堂。

对于大会堂的声学工程改造升级投资额，目前并无相关数据，通过对相关施工企业的调研获得。这些企业先后参与过全国人大常委会会议厅改扩建装饰工程、人民大会堂三楼中央大厅及周边区域装饰工程、莫子山国际会议中心大会堂装饰工程、陕西宾馆扩建18号楼和大会堂配套项目部分工程、都市之门A座及千人会堂、北京奥林匹克公园（B区）国家会议中心、湖南省人民会堂等工程项目，对会堂声学工程的建设、改造升级投资具有较为丰富的经验。

一、案例调研

案例分析表明，省级大会堂的投资额在2亿～25亿元之间，地级市大会堂的投资额在1亿～15亿元之间。取其"中位数"作为平均数的投资水平，省级大会堂为15亿元；地级大会堂在5亿元。由于大会堂尤其是政务用途的大会堂，其主要用于集会，但也有文艺演出的需要，所以其对声学的要求虽不像剧院、音乐厅等专业性较强的艺术表演场馆，但也具有较高的声学要求。因此，本报告将其改造升级投资额占建筑投资额的比重定为15%；改造升级投资额中用于声学工程的费用也约等于艺术表演场馆的70%。同时假定，每年约有10%的大会堂进行升级改造。

二、市场规模预测

基于上述变量数值的设定，省级大会堂2021—2025年每年的市场规模为：

$$15 亿元／个 \times 15\% \times 70\% \times 36 个 \times 10\% = 5.67 亿元$$

地级市大会堂2021—2025年每年的平均市场规模为：

$$5 亿元／个 \times 15\% \times 70\% \times 333 个 \times 10\% = 17.48 亿元$$

二者相加，即可得到2021—2025年大会堂室内装饰声学工程的市场规模：

$$5.67 亿元 + 17.48 亿元 = 23.15 亿元$$

第七节　小结

将2021—2025年艺术表演场馆、电影院、广播电视演播厅及大会堂的声学工程市场规模加总，即可得到建筑声学工程核心市场的市场规模。表4-12的数据表明，2021—2025年中国建筑声学工程核心市场的年均规模在220亿元左右。

表 4-12 2021—2025 年中国建筑声学工程核心市场规模预测 单位：亿元

年份	艺术表演场馆	电影院	广播电视演播厅	大会堂	合计
2021	126.62	55.78	15.46	23.15	222.01
2022	126.45	43.27	15.47	23.15	208.34
2023	154.06	28.71	16.25	23.15	222.17
2024	159.13	20.59	15.94	23.15	218.81
2025	164.66	25.39	16.47	23.15	229.67

可以说，建筑声学工程的市场前景广阔。但是，相较于巨大的市场需求，优秀的专业化的建筑声学设计与施工企业并不多。

由于建筑的声学功能，主要是通过建筑空间的设计和营造来实现的，所以建筑声学工程与建筑装饰工程高度融合，一体化进行。在工程实践中，建筑声学工程施工单位同建筑装饰装修施工单位往往具有"同一性"，即建筑声学工程施工单位大多是建筑装饰工程专业承包商建筑。苏州金螳螂建筑装饰股份有限公司、深圳洪涛集团股份有限公司、浙江亚夏装饰股份有限公司、深圳广田装饰集团股份有限公司等上市公司，在建筑声学工程核心市场都有较好的工程业绩，但这些企业都是综合型的建筑装饰公司，建筑声学工程只是其综合业务的一部分。在以建筑声学工程设计与施工为主营业务的专业化企业中，表现最突出的是中孚泰文化建筑股份有限公司。从近五年的数据来看，全国共有 17 个 1200 座及以上大剧院、音乐厅、会议中心、文化艺术中心等类别建筑项目获鲁班奖，其中中孚泰参建 8 个；有 27 个 1200 座及以上大剧院、音乐厅、专业会议厅建筑项目获全国建筑工程装饰奖，中孚泰参建了 14 个。中孚泰始终专注于剧院建设，在以大剧院、音乐厅、会议中心、多功能厅等为代表的建筑声学工程实践中，积累了丰富的经验，逐步形成了将声学设计、声学施工、音响灯光、舞台设备配置等融为一体的集成建设解决能力，以及较强的品牌影响力。

第五章

建筑声学工程
延伸市场的范围与规模

第一节　延伸市场的定义及特征

本报告所指的建筑声学工程延伸市场，是指在非观演类建筑中部分具有较多观演用途的空间的声学设计与施工，包括：高星级酒店中的会议厅、多功能厅，博物馆、美术馆、纪念馆、图书馆、会展中心、学校等文化建筑中的陈列室、展览厅、报告厅、礼堂等。

延伸市场的特征主要表现在以下几个方面：首先，相比于核心市场，延伸市场分布广泛，散布于各种用途的公共建筑中；其次，从声学设计及施工技术要求上来说，由于使用功能的限制，延伸市场要略低于核心市场；最后，这些建筑工程的建筑装饰及声学设计与施工，大多由高水平的专业承包商来承担。

第二节　延伸市场的范围及建设情况

依据延伸市场的定义，概括起来，延伸市场主要包括酒店类建筑的声学工程、展陈类建筑的声学工程及教育类建筑的声学工程。

一、酒店类建筑的声学工程

1. 酒店的定义及特征

简言之，酒店是指为离家食宿者提供综合型的产品而获取经济利润的经济单位，这种综合型的产品包括有形的饮食产品、客房服务、各项娱乐设施服务及无形的服务。

酒店具有以下特征：首先，是一个具体的物理建筑，越是高档的、知名的酒店，其物理建筑样式越是新颖、吸引人，并往往是一个城市的知名建筑乃至地标建筑；其次，是由一个一个具体的居住空间及配套的相关空间组成的，这些空间具有相应的技术指标要求；再次，空间居住舒适、安静是最重要的技术指标要求，空间格外重视振动噪声的控制；最后，附属配套的会议空间、娱乐空间对声学要求较高。

2. 酒店的类别

酒店的分类非常广泛，按照不同的标准可以分成很多种类，但总体而言，按照使用功能来说可以将其分为：商务型酒店、度假型酒店、长住型酒店、会议型酒店、观光型酒店、公寓式酒店等。

从广义视角来说，所有酒店都与声学工程有关，因为所有酒店的房间均需要进行噪声与振动控制，而且酒店里的娱乐设施，例如歌舞厅、KTV等均需要进行声音控制与优化。从狭义视角来说，会议型酒店是最需要重视声学工程设计、施工的，因为会议型酒店是以接待会议旅客为主的酒店，会议对场馆声音传播质量的要求较高。除食宿娱乐外还为会议代表提供接送站、会议资料打印、录像摄像、旅游等服务，其要求有较为完善的会议服务设施（大小会议室、同声传译设备、投影仪等）和功能齐全的娱乐设施。

3.酒店的建设情况

据国家统计局的数据，2009—2018年全国住宿行业企业法人数逐年增加，从2009年的14498家增加到了2018年的20614家，九年间增加了6116家，平均每年增加680家，年均增长率接近5%（图5-1）。图5-1表明，近十年来中国酒店住宿业发展火热。而据酒店产权网研究中心的一份研究表明，其根据对携程的各方面数据进行统计及分析，共计对291个城市（地级市）进行汇总，获得232425家酒店的数据，平均每个地级市拥有近800家酒店❶。

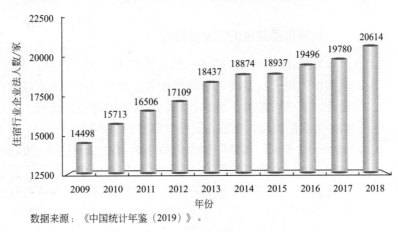

数据来源：《中国统计年鉴（2019）》。

图5-1　2009—2018年全国住宿行业企业法人数

从酒店客房数上也可以看出来，中国酒店住宿业发展迅速。2009—2018年全国酒店客房数总体上一直处于增加态势，由2009年的201.67万间增加到了2018年的394.80万间，九年间增加了193.13万间，平均每年增加21.46万间，平均增长率为10.64%（图5-2）。

数据来源：《中国统计年鉴（2019）》。

图5-2　2009—2018年全国酒店客房数

---

❶ 参见：《中国酒店总数统计及分析》，刊载于《中国连锁》，2016年7月1日。

从住宿营业额来看，2009年为2260.70亿元，2018年则达到了4059.70亿元，翻了近一番！这充分说明，随着中国经济的快速发展，住宿业需求较大，具有较好的发展潜力，这也是酒店住宿企业法人数、酒店房间数不断攀升的一个重要推动力量。

而在近十余年来，中国会议型酒店的发展最为迅猛，这主要得益于中国会议经济的快速发展。我国举办会议的数量不断增加，从2011年8270场增长到2017年的25888场，翻了两番还多。而且，中国会议总量的79.1%是在会议型酒店举办的，我国会议型酒店的建设和经营日趋成熟，市场前景良好，发展空间广阔。

二、展陈类建筑的声学工程

1. 展陈类建筑的定义及特征

展陈是一种综合性的、创造性艺术，是广告性、艺术性、思想性、真实性的集合，是观众最能直接感受到的时尚艺术。展陈包括建筑空间设计，装修、橱窗、通道、舞台、背板、道具、灯光、音乐、声音、光线等要素的设计、布置，是一个完整而系统的工程。

一般来说，展陈空间具有以下特征：空间巨大；容纳的人数较多；对声、光、电的要求较高；展陈建筑物外形个性鲜明，往往是地方标志性建筑物；空间内要灵活进行舞台、背景设计，烘托气氛或引起观众注意；展陈空间属于公共空间，格外重视噪声防护与处理。

2. 展陈类建筑声学工程的类别

展陈空间主要分为两大部分：展览空间和陈列空间。展览空间主要包括展览馆、美术馆等；陈列空间主要包括博物馆。一般说来，通常意义上的展览馆对声学要求并不高，在此不将其纳入研究之列。此外，各级政府文化部门修建、管理的公共图书馆兼有展览、陈列的部分属性和功能，因此本报告将公共图书馆归于展陈空间之列。

（1）美术馆

美术馆是指保存、展示艺术作品的设施，通常是以视觉艺术为中心。最常见的展示品是绘画，但雕塑、摄影作品、插画、装置艺术，以及工艺美术作品也可能会被展示。美术馆主要的目的是提供展示空间，但有时也会用作举办其他类型的艺术活动，例如音乐会或诗歌朗诵会等。此外美术馆通常也兼具推广与文化相关的教育、研究等功能。美术馆可分为综合性美术馆和专门性美术馆。美术馆最重要的活动是举行艺术品展览。

（2）博物馆

博物馆是征集、典藏、陈列和研究代表自然和人类文化遗产的实物的场所，并对那些有科学性、历史性或者艺术价值的物品进行分类，是为公众提供知识和供人欣赏的文化教育机构、建筑物、地点或者社会公共机构。博物馆是非营利的永久性机构，对公众开放，为社会发展提供服务，以学习、教育、娱乐为目的。我国博物馆划分为历史类、艺术类、科学与技术类、综合类这四种类型。

（3）公共图书馆

公共图书馆是搜集、整理、收藏图书资料以供人阅览、参考的机构。1974年国际标准化组织颁布了ISO 2784-1974（E）"国际图书馆统计标准"中"图书馆的分类"将图书馆划分为：国家图书馆、高等院校图书馆、其他主要的非专门图书馆、学校图书馆、专门图书馆和公共图书馆六大类。

3. 展陈类建筑声学工程的建设情况

（1）美术馆

数据显示，我国美术馆的数量近几年一直处于增加态势，由2015年的408家增长到了2018年的528家，仅三年时间就增加了120家，平均每年增加40家，年均增长率为9.8%。而且，无论是从业人员的数量，举办展览的次数，还是参观人数，均呈增加态势，表明美术展览市场火热。以举办展览次数为例，2015年全国共举办5121次，而2018年则高达7021次，三年间增加了1900次，平均每年增加634次（表5-1）。

表5-1 2015—2018年我国美术馆的数量及举办展览情况

年份	美术馆数量	从业人员/人	举办展览/次	参观人数/万人
2015	408	3978	5121	3053
2016	462	4597	6146	3237
2017	499	4576	6757	3724
2018	528	4744	7021	3721

数据来源：据《文化和旅游发展统计公报（2015—2018年）》及文化和旅行部相关资料中的数据整理。

（2）博物馆

根据国家统计局的数据，我国博物馆的数量自2009年开始一直处于增加的态势（图5-3）。截至2018年，全国共有4918家博物馆。九年间，我国博物馆的数量增加了一倍之多，平均每年增加13.15%。

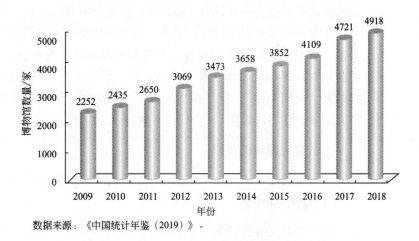

数据来源：《中国统计年鉴（2019）》。

图5-3 2009—2018年我国博物馆数量变化情况

(3) 公共图书馆

根据国家统计局的数据，我国文化部门图书馆的数量自2009年开始一直处于增加的态势，而且自2012年开始，文化部门图书馆的数量出现了较大幅度的增长（图5-4）。截至2018年，全国共有3176家图书馆。九年间，我国图书馆的数量增加了326家，平均每年增加1.27%，可见，无论是从增加的数量上，还是从增加的速度上，均低于博物馆。

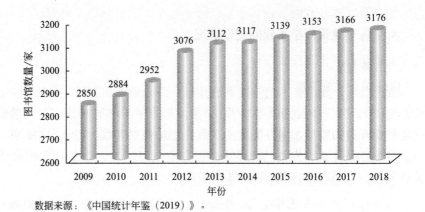

数据来源：《中国统计年鉴（2019）》。

图 5-4 2009—2018 年我国文化部门公共图书馆的数量变化情况

三、教育类建筑的声学工程

1. 教育类建筑的定义及特征

从狭义的角度来说，教育类建筑是指受教育者在政府主办的教育机构接受教育传授、提高自身文化知识水平而聚集的建筑，包括高等学校、职业中专、技工学校、特殊学校、高中、初中、小学、幼儿园等。从广义的角度来说，教育类建筑是指受教育者在所有教育机构接受教育传授、提高自身文化知识水平而聚集的建筑，除了上述各类学校外，还包括民办私营的各种教育培训机构、临时举办的各类培训班、补习班等。

教育类建筑有以下特征：首先，人群密集集中，空间的人口密度大；其次，教育类建筑具有封闭性，人群与外界的互动性不强；再次，教育类建筑对声环境的要求很高，强调安静，拒绝噪声污染；最后，教育类建筑是"一组空间"，除了接受知识学习的空间这一最重要的空间之外，还有就餐、住宿、娱乐活动等一系列融为一体的空间。

2. 教育类建筑的类别

在教育类建筑中，以下三类建筑空间对声学的要求较高。

（1）教学图书馆

对于普通高等院校来说，教学图书馆是学校的"标配"，而且，很多高校的教学图书馆建筑是其学校的标志性建筑。教学图书馆是师生查阅资料、自习的重要场所，其最大的特点是"安静"，因此教学图书馆的空间对声学环境的要求非常高，要注重防噪降噪，装饰方面要选用环保、隔音好的材料。对于中小学而言，并不是每一所中学都配有教学图书馆，但一般都建有"图书室"，图书室的建筑空间特点和教学图书馆一样，要求隔音，杜绝噪声，只不过其空间要比教学图书馆小，功能更少。

（2）报告厅

教学图书馆是高等学校的"标配"，报告厅是所有学校的标配，无论是大学、高中、初中、职业院校，还是幼儿园。报告厅是学校师生集会聆听报告、举办演讲、开展学术会议等活动的重要场所。如果说剧院是观演空间最重视声学工程装饰设计、施工的场所，那么报告厅则是教育空间最重视声学工程装饰设计、施工的场所。

（3）文化设施建筑

这里的文化设施建筑，主要指的是各级各类学校的校园剧场、礼堂、多功能厅等。由于这些文化设施建筑主要服务于学生文化素质的提高与增强，所以这些设施建筑往往将剧目演出与培训学习、声乐演出与会议、学术演讲、教学等功能集成在同一空间内，兼顾各种使用功能，其目的是降低投资及运营成本，提高文化设施的使用效率。

这些设施建筑的空间均通过增加建筑声学设计与实施，实现空间混响的最优可变性，以达到建筑效率最大化、最优化的目标。随着我国素质教育理念的不断深化、对学生文化素质培养的不断重视，目前各级各类学校（尤其是艺术类高校示范带动作用）已广泛配备有校园剧场、礼堂、多功能厅等文化设施空间。

3. 教育类建筑声学工程的建设情况

近十年来，我国政府对教育事业持续重视，这从历年的教育经费投入上可见一斑（图5-5）。2009年，我国教育经费投入为16503亿元，而到了2018年为44614亿元，九年增加了28111亿元，平均每年增加3123亿元，年均增长率为18.92%。显然，这对建筑装饰行业来说是一大利好，持续增加的教育经费，除了用来加强教育软件设施外，也用来加强教育硬件设施。教育硬件设施建设，其中很大的一部分就是学校图书馆、报告厅、文化空间、语音室等物理设施的建设。

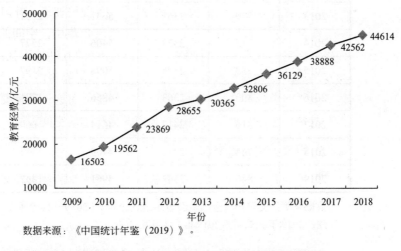

数据来源：《中国统计年鉴（2019）》。

图5-5　2009—2018年中国教育经费投入情况

第三节　酒店类建筑声学工程市场规模预测

前述分析表明，全国共有住宿业企业2万多家，携程网的数据也表明，全国共有酒店23万多家，这些酒店中的客房、会议室、娱乐设施空间等均有声学需求，是建筑声学工程的业务范围。但相对来说，大部分酒店类建筑内部空间的声学需求并不大，也不旺盛，而只有那些会议型酒店及高档星级酒店，及部分酒店类建筑内部空间的声学需求才较大、较有研究的价值。

然而，由于数据所限，未能获取会议型酒店的连续数据，因此本报告以星级酒店部分建筑空间的声学需求为研究对象。对于星级酒店而言，全国共分为五个等级，分别为一星级、二星级、三星级、四星级和五星级。其中，星级越高，酒店的规模、服务质量、装饰装修档次越高。因此，这里以五星级酒店的内部声学空间作为研究对象，从增量和存量两个视角来分析其建筑声学工程市场规模。

一、增量市场规模预测

1. 五星级酒店增量推算

表5-2显示了2013—2019年全国星级酒店的数量变动情况。数据显示，2013—2019年全国星级酒店数量呈下降趋势，但就五星级酒店的数量来看，虽然2018年出现了下降，但总体而言呈上升趋势。2013年全国共有五星级酒店739家，而到了2019年则为846家，六年间增加了107家，平均每年增加约18家，年均增长率为2.41%。

表 5-2　2013—2019 年全国星级酒店的数量　　　　单位：家

年份	五星级	四星级	三星级	二星级	一星级
2013	739	2361	5631	2831	125
2014	745	2373	5406	2577	99
2015	789	2375	5098	2197	91
2016	800	2363	4856	1771	71
2017	816	2412	4614	1660	64
2018	764	2411	4409	1352	29
2019	846	2542	4961	1862	73

数据来源：文旅部《全国星级饭店统计公报》(2013—2019年)。
注：2019年的数据为2019年上半年的数据。

随着中国经济的快速发展，旅游消费需求的巨大提升，有理由相信，五星级酒店的数量在2021—2025年内仍将处于快速增加态势。假设2021—2025年五星级酒店的数量仍以现有增长水平2.41%的速度增加。则2020—2025年全国星级酒店的数量如表5-3所示。

表5-3 2020—2025年五星级酒店数量推算　　　　　　　　　　　　单位：家

年份	2020	2021	2022	2023	2024	2025
数量	866	887	909	931	953	976
较上年增加	20	21	22	22	22	23

数据显示，2020—2025年全国五星级酒店的数量约在920家左右，其中2025年为976家，接近1000家。从增加数量来看，平均每年增加22家。

2.酒店类建筑声学工程投资测算

从建筑工程投资的角度来说，无论是观演类建筑，还是酒店类建筑、展陈类建筑及教育类建筑，其经费使用基本上遵循土建、装饰及机电各占三分之一的规律。因此，声学工程费用的测算，主要取决于声学工程投资额占室内装饰及机电安装投资额的比重。

为了较为科学、准确地测算声学工程投资额占室内装饰及机电安装投资额的比重，调研了相关施工企业，从部分饭店的施工案例中推算声学工程投资额与装饰装修投资额的比值。这些企业主持参与的工程项目有：北京雁栖湖精品酒店工程、广州文华东方酒店、北京喜来登酒店、佛山岭南天地-D地块酒店式公寓项目、泸州巨洋国际假日酒店工程、世界妈祖文化论坛永久性会址旅游项目、广州长隆酒店、杭州望湖宾馆、秦皇岛香格里拉酒店等。

3.案例调研

案例调研发现，在投资额较大、定位较高的酒店工程中，工程总投资额一般在1亿～4亿元左右，从平均水平来看，大部分工程集中在2.5亿元左右，本报告以此作为预测数据。前文调研发现，艺术表演场馆、大会堂的声学工程投资额占室内装饰工程和机电设备安装工程投资额的比重为60%～70%，酒店案例调研发现，酒店声学工程投资额占室内装饰工程和机电设备安装工程投资额的比重稍微低一些，为50%，因此这里取50%作为声学工程投资额占室内装饰及机电安装投资额的比重。

4.酒店类建筑声学工程增量市场规模预测

基于以上数据，2021年五星级饭店声学工程的增量市场规模为：21家×2.5亿元/家×2/3×50%=17.5亿元。类似地，可以计算出2021—2025年的市场规模表5-4。

表5-4 2021—2025年酒店类建筑声学工程增量市场规模　　　　　　单位：亿元

年份	2021	2022	2023	2024	2025
增量市场规模	17.50	18.33	18.33	18.33	19.17

二、存量市场规模预测

存量市场规模主要是指已有酒店的声学工程改造升级。要预测酒店类建筑声学工程的存量市场规模，需要获取两个变量的数据：一是需要改造升级的酒店数；二是改造升级的费用。对于第一个变量，需要改造升级的酒店数，又取决于两个变量：一是酒店类建筑声学工程改造升级的周期；二是酒店类建筑声学工程改造升级的比例。

目前，由于没有相关数据可供使用，本报告实地调研相关装饰企业，获取了若干案例，以此分析取得所需的数据。

1. 案例调研

案例调研发现，酒店改造更新的周期相对较短，大致在5～8年之间，本报告取其平均水平6年作为预测依据。而在同一期进入改造升级周期的酒店中，由于地区社会经济发展水平差异，尤其是酒店经营状况等因素，真正实施改造升级的酒店大致占总体的10%。而从酒店类建筑声学工程改造升级的投资额来看，其大致占酒店类建筑声学工程建筑总投资额的20%。

2. 酒店类建筑声学工程存量市场规模推算

酒店类建筑声学工程的改造升级周期为6年，则2021年需要改造的酒店为2015年的酒店，以此类推，2022—2025年需要改造升级的为2016—2019年的。以2021年为例，其待改造酒店数为2015年的总数789家，而真正实施改造的酒店数为78.9家，则其声学改造升级费用为：78.9家×2.5亿元/家×20%=39.45亿元。

其余年份的市场规模依此计算可得（表5-5）。

表5-5　2021—2025年酒店类建筑声学工程存量市场规模预测

年份	2021	2022	2023	2024	2025
待改造酒店/家	789	800	816	764	846
需改造酒店/家	78.9	80	81.6	76.4	84.6
存量市场规模/亿元	39.45	40.00	40.80	38.20	42.30

将上述增量市场规模与存量市场规模相加，即可得到2021—2025年酒店类建筑的声学工程市场规模。表5-6的数据显示，2021—2025年酒店类建筑声学工程的市场规模在年均60亿元左右。

表5-6　2021—2025年酒店类建筑声学工程的市场规模　　单位：亿元

年份	2021	2022	2023	2024	2025
增量市场规模	17.50	17.50	18.33	18.33	19.17
存量市场规模	39.45	40.00	40.80	38.20	42.30
合计	56.95	57.50	59.13	56.53	61.47

第四节　展陈类建筑声学工程市场规模预测

一、美术馆声学工程市场规模预测

1.增量市场规模预测

（1）美术馆增量推算

依据表5-1的数据，全国美术馆的数量从2013年的332家增至2018年的528家，5年的时间增加了196家，平均每年增加40家，年均增长率约为11.8%。受国家文化政策引导的影响，尤其是中国经济实力的增强，人们物质生活水平提高带来的对绘画艺术的追求增加，未来全国美术馆的建设热情只增不减。因此，本报告假设未来美术馆的数量依旧按照11.80%的增速增加。由此，可以推算得出2019—2025年全国美术馆的数量及增量（表5-7）。

表5-7　美术馆声学工程增量市场规模预测

年份	年增速/%	历年美术馆数量/座	年增加数/座	平均每家投资/亿元	声学工程投资占比/%	市场规模/亿元
2018	11.8	528	—	—	—	—
2019	11.8	590	62	1.5	20	18.60
2020	11.8	660	70	1.5	20	21.00
2021	11.8	738	78	1.5	20	23.40
2022	11.8	825	87	1.5	20	26.10
2023	11.8	922	97	1.5	20	29.10
2024	11.8	1031	109	1.5	20	32.70
2025	11.8	1153	122	1.5	20	36.60

（2）声学工程投资额推算

由于没有关于美术馆声学空间建设费用的权威数据，故调研了十余家相关建筑装饰企业，通过案例分析获取所需数据。这些企业参与的工程项目有：苏州美术馆工程、天津市文化中心美术馆工程、济宁美术馆工程、深圳美术馆、常德市美术艺术馆、扬州文化艺术中心美术馆等。

通过案例分析可以发现，美术馆的建设投资额在0.8亿～3亿元之间，平均建设投资额在1.5亿元左右。从其室内装修费用看，约占总投资额的60%左右，而其中约有30%的投资用于声学工程装饰装修。从实际调研的数据可以得出，美术馆声学工程投资额占总投资额的比重在20%左右。

（3）增量市场规模预测

基于上述数据，则可以计算得出2021—2025年美术馆声学工程增量市场规模。以2021年为例，2021年较2020年新增78家美术馆，平均每家投资1.5亿元，其中室内声学工程投资费用占比20%，则2021年新增美术馆的声学工程市场规模为：78家×1.5亿元/家×20%=23.40亿元。

以此类推，可得2022—2025年的增量市场规模。

数据显示，2022—2025年美术馆声学工程增量市场规模分别为26.10亿元、29.10亿元、32.70亿元及36.60亿元，呈持续增加的态势。

2. 存量市场规模预测

（1）美术馆存量推算

由于美术馆的展陈频次相对不高，声学装饰折旧率不高，因此假设美术馆类建筑声学工程的改造升级周期为8年。则2013年的美术馆声学空间进入2021年就需要进行改造升级；相应地，2014—2017年的美术馆声学空间则分别于2022—2025年进入改造升级周期。同时，假设受各种因素限制，同一年的美术馆声学空间仅有10%真正实施了声学工程改造升级。由此可得2021—2025年美术馆声学空间改造升级数量（表5-8）。

表5-8　2021—2025年美术馆声学工程存量市场规模预测

年份	待改造/座	需改造/座	平均每家投资/亿元	改造升级投资占比/%	市场规模/亿元
2021	332	33.2	1.5	20	9.96
2022	364	36.4	1.5	20	10.92
2023	408	40.8	1.5	20	12.24
2024	462	46.2	1.5	20	13.86
2025	499	49.9	1.5	20	14.97

（2）声学工程投资额推算

通过上述案例分析发现，相较于美术馆投资建设总额来说，声学空间的改造升级费用相对于建设费用占比持平，总体保持在20%左右的水平上。因此以20%作为预测依据。

表5-8计算了2021—2025年美术馆声学工程存量市场规模。相对于增量市场规模而言，存量市场规模偏小，但表现出了相同的变化趋势，即随着时间的延长规模不断递增。分年度看，2021年为9.96亿元，是最少的年份；最多的年份为2025年，为14.97亿元。

将增量市场规模和存量市场规模相加，即可获得2021—2025年美术馆声学空间市场规模。表5-9的数据表明，2021—2025年美术馆声学工程市场规模在30亿～50亿元之间，呈逐年递增趋势。

表5-9　2021—2025年美术馆声学工程市场规模预测　　单位：亿元

年份	2021	2022	2023	2024	2025
增量市场规模	23.40	26.10	29.10	32.70	36.60
存量市场规模	9.96	10.92	12.24	13.86	14.97
合计	33.36	37.02	41.34	46.56	51.57

二、博物馆声学工程市场规模预测

1.增量市场规模预测

（1）博物馆增量推算

依据图5-3的数据，全国博物馆的数量从2009年的2252家增至2018年的4918家，九年的时间增加了2666家，平均每年增加296家，年均增长率为13.15%。从数据上看，2016年之前全国博物馆的增加数量较为温和，2017年和2018年出现了较大幅度的增长。随着国家对传统文化教育的重视，各级政府积极兴建博物馆，中小学校更是加强了学生们在课余时间的博物馆参观学习力度。有理由相信，未来博物馆建设仍将处于增加态势，但本报告认为，年均13.15%的增速过快。当前只有国家级、省级博物馆，尤其是历史博物馆，利用率较高，但很多县市级博物馆徒有虚名，还未很好地利用起来。因此，未来博物馆的修建会受到政策的一定约束，不宜采用现有的增速来预测未来的增量。

为确保预测数值更好地接近实际水平，本报告从保守角度出发，以现有增速一半的水平作为未来增量的发展速度，即假设未来博物馆的数量按照年均增长率6.5%的速度增加，由此可以推算出2019—2025年全国博物馆的数量及增量（表5-10）。

表5-10 博物馆声学工程增量市场规模预测

年份	年增速/%	博物馆数/座	年增加数/座	平均每家投资/亿元	声学工程投资占比/%	市场规模/亿元
2018	—	4918	—	—	—	—
2019	6.5	5238	320	1	10	32.00
2020	6.5	5578	340	1	10	34.00
2021	6.5	5941	363	1	10	36.30
2022	6.5	6327	386	1	10	38.60
2023	6.5	6738	411	1	10	41.10
2024	6.5	7176	438	1	10	43.80
2025	6.5	7643	467	1	10	46.70

（2）声学工程投资额推算

由于没有关于博物馆声学空间建设费用的权威数据，故调研了二十余家相关建筑装饰企业，通过对其所主持参与的工程案例进行分析获取所需数据。这些企业主持参与的项目有：上海电影博物馆暨电影艺术研究所业务大楼装饰工程、芜湖市博物馆布展设计施工工程、长春市规划展览馆及博物馆项目、中国湿地博物馆、辛亥革命博物馆、中国国家博物馆改扩建工程、重庆中国三峡博物馆、临淄足球博物馆、晋国博物馆等。

通过案例分析可以发现，博物馆的建设投资额区间较大。国家级的博物馆投资额最大，以国家博物馆为例，2010年历时三年的改扩建工程完工，耗资25亿元。不同时间段建设的博物馆，投资额差异也较大，重庆三峡博物馆于2005年建成，投资额6.5亿元；乡愁博物馆于2018年投资建设，总投资13.7亿元。但从这些年增加的新建博物馆来看，国家级的数量很少，地市级的也并不多，大多数属于普通规划项目，从建设投资额的中位数水平来看，大约为1亿元。

因此，本报告以1亿元作为新建博物馆的平均投资额水平。

案例分析还发现，新建博物馆室内装饰费用约占总投资额的50%，而其中用于声学工程装饰的费用占比30%左右，因此博物馆声学工程装饰费用占总投资费用的比重为：50%×30%=15%。而从这些年新建博物馆的实际情况看，尽管博物馆的数量增加很快，但建筑声学工程投入水平还不是很高，为保证预测的稳健性，假设增量博物馆声学空间的投资额占项目总投资额的10%。

（3）增量市场规模预测

基于上述变量值的确定，计算了2021—2025年博物馆声学空间的增量市场规模。表5-10的数据显示，2021—2025年博物馆声学空间的增量市场规模在40亿元以上，其中2021年最少，为36亿元；2025年最多，接近50亿元。

2. 存量市场规模预测

（1）博物馆存量推算

博物馆较美术馆而言，其使用频次稍高，但声学装饰折旧率亦不高，因此假设博物馆类建筑声学工程的改造升级周期亦为8年。则2013年的博物馆声学空间进入2021年就需要进行改造升级；相应地，2014—2017年的博物馆声学空间则分别于2022—2025年进入改造升级周期。同时，本报告假设受各种因素限制，同一年的博物馆声学空间仅有10%真正实施了声学工程改造升级。由此可得2021—2025年博物馆声学空间改造升级数量（表5-11）。

表5-11 2021—2025年博物馆声学工程存量市场规模预测

年份	待改造/座	需改造/座	平均每家投资/亿元	改造升级投资占比/%	市场规模/亿元
2021	3473	347.3	1	10	34.73
2022	3658	365.8	1	10	36.58
2023	3852	385.2	1	10	38.52
2024	4109	410.9	1	10	41.09
2025	4721	472.1	1	10	47.21

（2）声学工程投资额推算

通过对上述案例的分析发现，相较于博物馆投资建设总额来说，声学空间的改造升级费用相对于建设费用而言，总体持平。因此，本报告以10%作为预测依据。

（3）存量市场规模预测

基于上述变量值的确定，计算了2021—2025年博物馆声学空间的存量市场规模。表5-11的数据显示，2021—2025年博物馆声学空间的存量市场规模在30亿～50亿元之间，其中2021年最少，为35亿元左右；

2025年最多，为50亿元左右。

将增量市场规模和存量市场规模相加，即获得2021—2025年博物馆类建筑声学工程市场规模。表5-12的数据表明，2021—2025年博物馆声学工程的市场规模在70亿～90亿元之间，年均80亿元。总体看，未来博物馆建筑声学工程的市场规模较大，呈逐年递增趋势。

表5-12　2021—2025年博物馆声学工程市场规模预测　　　　　　　　单位：亿元

年份	2021	2022	2023	2024	2025
增量市场规模	36.30	38.60	41.10	43.80	46.70
存量市场规模	34.73	36.58	38.52	41.09	47.21
合计	71.03	75.18	79.62	84.89	93.91

三、公共图书馆声学工程市场规模预测

1.增量市场规模预测

（1）公共图书馆增量推算

依据图5-4的数据，全国公共图书馆的数量从2012年的3076家增至2018年的3176家，6年的时间增加了100家，平均每年增加约17家，年均增长率为0.54%。相较于美术馆、博物馆而言，这一增长速度是较低的。基于2018年的数据，按照这一增长速度，则可以计算得出2019—2025年的公共图书馆数及增加数（表5-13）。

表5-13　公共图书馆建筑声学工程增量市场规模预测

年份	年增速/%	图书馆数/座	年增加数/座	平均每家投资/亿元	改造升级投资占比/%	市场规模/亿元
2018	0.54	3176	—	—	—	—
2019	0.54	3193	17	2	10	3.40
2020	0.54	3210	17	2	10	3.40
2021	0.54	3228	18	2	10	3.60
2022	0.54	3245	17	2	10	3.40
2023	0.54	3263	18	2	10	3.60
2024	0.54	3280	17	2	10	3.40
2025	0.54	3298	18	2	10	3.60

（2）声学工程投资额推算

由于没有关于公共图书馆声学工程建设费用的权威数据，故调研了十余家相关建筑装饰企业，通过案例分析获取其所需数据。这些企业主持参与的工程项目有：山东省图书馆新馆、苏州第二图书馆、金坛图书馆、玉溪聂耳文化场馆工程、滨州市文化中心图书馆室内装饰装修工程、天津市文化中心图书馆装饰工程、营口开发区文化广场图书馆内部装饰工程等。

通过案例分析发现，不同级别的公共图书馆，建设投资额差异较大，一般而言，国家级和省级图书馆的修建历史较早，投资额不大，县市级图书馆修建历史较晚，投资额较大。从当前

所建设的图书馆来看，很多图书馆的建设是包含到文化中心建设工程中的，其投资水平平均为1亿～3亿元。本报告以2亿元作为预测依据。

从其室内装修费用看，其约占总投资额的45%左右，而其中约有25%的投资用于声学工程装饰装修。因此，公共图书馆的室内建筑声学工程装饰投资额占公共图书馆投资额的比重为：45%×25%=11.25%。据此，本报告以10%作预测依据。

（3）增量市场规模预测

基于以上数据，则可以计算得出2021—2025年公共图书馆声学工程的增量市场规模。以2021年为例，2021年较2020年新增17家公共图书馆，平均每家投资2亿元，其中室内声学工程投资费用占比10%，则2021年新增美术馆声学工程的市场规模为：17家×2亿元/家×10%=3.40亿元。

以此类推，可得2021—2025年的增量市场规模（表5-13）。

数据显示，2021—2025年公共图书馆声学工程的增量市场规模偏小，平均不到2亿元。这主要是因为，尽管公共图书馆的基数较大，每年平均有3000家，但每年增加的数量有限，不足20家。可见，公共图书馆声学工程增量市场的发展潜力有限。

2. 存量市场规模预测

（1）公共图书馆存量推算

由于公共图书馆的功能及使用性质的原因，其声学装饰折旧率较低，因此假设公共图书馆类建筑声学工程的改造升级周期为9年。则2012年的公共图书馆进入2021年就需要进行声学工程的改造升级；相应地，2013—2016年的公共图书馆则分别于2022—2025年进入声学工程的改造升级周期。同时，假设受各种因素限制，同一年的公共图书馆仅有10%真正实施了声学工程改造升级。由此可得2021—2025年公共图书馆声学工程改造升级的数量（表5-14第二、三列数据）。

表5-14　2021—2025年公共图书馆建筑声学工程存量市场规模预测

年份	待改造/座	需改造/座	平均每家投资/亿元	改造升级投资占比/%	市场规模/亿元
2021	3076	307.6	1	10	30.76
2022	3112	311.2	1	10	31.12
2023	3117	311.7	1	10	31.17
2024	3153	315.3	1	10	31.53
2025	3166	316.6	1	10	31.66

（2）声学工程投资额推算

通过对上述案例的分析发现，相较于公共图书馆投资建设总额来说，声学工程的改造升级费用占投资建设总额的10%左右。因此，本报告以

10%作为预测依据。

（3）存量市场规模预测

基于上述变量值的确定，计算了2021—2025年公共图书馆声学工程的存量市场规模。表5-14的数据显示，2021—2025年公共图书馆声学工程的存量市场规模稳定在30亿元左右。

将增量市场规模和存量市场规模相加，即获得2021—2025年公共图书馆声学工程的市场规模。表5-15的数据表明，2021—2025年公共图书馆声学工程的市场规模每年稳定保持在35亿元左右。

表 5-15　2021—2025 年公共图书馆声学工程市场规模预测　　单位：亿元

年份	2021	2022	2023	2024	2025
存量市场规模	30.76	31.12	31.17	31.53	31.66
增量市场规模	3.60	3.40	3.60	3.40	3.60
合计	34.36	34.52	34.77	35.93	35.26

四、小结

上述依次分析了展陈类建筑中美术馆、博物馆和公共图书馆的类型、建设规模，并依据实际调研数据预测了2021—2025年展陈类建筑声学工程的市场规模。将表5-9、表5-12和表5-15中的数据汇总，即可得到2021—2025年展陈类建筑声学工程的市场规模。

表5-16中的数据显示，由于我国展陈类建筑具有较大的市场规模，加之未来文化市场繁荣发展的趋势不变，2021—2025年展陈类建筑声学工程的装饰工程规模非常庞大，其平均每年的市场规模在160亿元左右。

表 5-16　2021—2025 年我国展陈类建筑声学工程市场规模预测　　单位：亿元

年份	美术馆空间	博物馆空间	图书馆空间	合计
2021	33.36	71.03	34.36	138.75
2022	37.02	75.18	34.52	146.72
2023	41.34	79.62	34.77	155.73
2024	45.56	84.89	35.93	166.38
2025	51.57	93.91	35.26	180.74

第五节　教育类建筑声学工程市场规模预测

在前面的分析中指出，教育类建筑声学工程主要分为教学图书馆、报告厅及文化设施三类，但在不同阶段的学校，情形并不相同。例如在中学和小学，报告厅通常是必备的设施空间，但教学图书馆和文化设施可能就不是。一般而言，在普通高校，无论是教学图书馆，还是报告厅、文化设施，均会作为教育、教学的必备设施空间而存在。尤其是教学图书馆和报告厅，其数量往往不是一个，而是两个或者多个，有些报告厅在文化设施缺位的情况下，甚至承担起文化设施的功能，这样的报告厅在普通高校又被称作"多功能报告厅"。

基于此，本报告主要从普通高校的视角出发来预测教育类建筑声学工程的市场规模。而对教育类建筑声学工程的分析，鉴于高校文化设施的多样性及非普遍性存在这一事实，这里亦只关注教学图书馆和报告厅两类建筑。

一、教学图书馆声学工程市场规模预测

1.增量市场规模预测

（1）教学图书馆增量推算

由于教学图书馆是高等院校的"标配"，所以从理论上来说，有多少所高校，就有多少座教学图书馆。表5-17列出了2009—2018年普通高校数量的变化情况。

表5-17 2009—2018年全国普通高校数量　　　　单位：所

年份	2009	2010	2011	2012	2013	2014	2015	2016	2017	2018
高校数量	2305	2358	2409	2442	2491	2529	2560	2596	2631	2663

数据来源：《中国统计年鉴（2018）》。

从高等学校的数量来看，2009—2018年一直处于增加态势，从2009年的2305所增加至2018年的2663所，即在九年的时间里增加了358所，平均每年增加约40所，年均增长率为1.73%。随着高校扩招的深入发展，未来高校规模还将在一段时间内处于增加态势，因此，推算未来高校数量时仍以此增长率作为依据。2018年全国共有高校2663所，依据年均1.73%的增长率，则2019年全国共有高校：2663×(1+1.73%)=2709(所)。在2019年的数据基础上，则可以计算出2020年的高校数为：2709×(1+1.73%)=2756（所）。相应地，2021—2025年的高校数及每年的高校增加数则推算出来（表5-18）。

表5-18 2021—2025年教育类建筑教学图书馆声学工程增量市场规模预测

年份	年增速/%	图书馆数/座	年增加数/座	平均每家声学投资/万元	市场规模/亿元
2021	1.73	2804	48	400	1.92
2022	1.73	2852	48	400	1.92
2023	1.73	2902	50	400	2.00
2024	1.73	2952	50	400	2.00
2025	1.73	3003	51	400	2.04

（2）声学工程投资额推算

由于难以直接取得高校教学图书馆室内装饰中声学工程的投资额数据，因此本报告调研了主持和参与高校图书馆建设、修缮的相关企业以获取所需要的数据资料。这些企业主持和参与的工程项目有：北京大学图书馆东楼修缮工程精装修工程、大连海事大学图书馆项目部分装饰工程、中国农业大学新图书馆建设配套工程室内装修装饰工程、苏州大学应用技术学院图书馆内部装修工程、燕山大学图书馆精装修工程、河南理工大学新图书馆精装修工程、汕大医学院图书馆（三层）装修工程、六盘水师范学院新图书馆装饰装修工程、河南工业大学新校区图书馆装修工程、上海外国语大学虹口校区图书馆内部装修工程、西北民族大学榆中校区图书馆装修工程、山西医科大学新校区图书馆室内二次装修工程等。

上述案例表明，不同规模、不同装饰要求的新建教学图书馆的室内装饰费用存在较大差异，大约在700万～3000万元之间，本报告取平均水平2000万元作为新建教学图书馆室内装饰费用。借鉴前述声学装饰费用占室内装饰费用总额20%～30%的经验值，本报告取下限20%作为预测依据，则每个教学图书馆声学装饰费用平均为：2000万元×20%=400万元。

（3）增量市场规模预测

依据上述推算的数据，可以计算得出2021—2025年教育类建筑教学图书馆声学工程的增量市场规模（表5-18第六列数据）。预测数据显示，2021—2025年教育类建筑图书馆声学工程的增量市场规模平均每年为2亿元。

2.存量市场规模预测

（1）教学图书馆存量推算

依据已有经验，假设每一座教学图书馆的声学工程改造升级周期为8年，则2013年的教学图书馆将于2021年进入改造升级周期。2022—2025年声学工程改造升级的教学图书馆分别对应于2014—2017年的教学图书馆队列。受各种因素制约，进入声学工程改造升级周期的教学图书馆并不会完全实行改造升级，本报告假设仅有10%实际进行了改造升级。据此，可以计算得出2021—2025年每年需要进行声学改造升级的教学图书馆数（表5-19）。

表5-19 2021—2025年教育类建筑教学图书馆声学工程存量市场规模预测

年份	待改造/座	需改造/座	平均每座改造费用/万元	市场规模/亿元
2021	2491	249.1	100	2.49
2022	2529	252.9	100	2.53
2023	2560	256.0	100	2.56
2024	2596	259.6	100	2.60
2025	2631	263.1	100	2.63

（2）声学工程投资额推算

上述案例亦表明，不同规模、不同装饰要求的教学图书馆改造升级费用存在较大差异，除去极端特殊案例费用外，大都集中在100万～700万元之间，本报告取平均水平500万元作为教学图书馆改造升级装饰费用。同样借鉴声学装饰费用占室内装饰费用总额20%～30%的经验值，本报告取下限20%作为预测依据，则每个教学图书馆声学工程改造升级费用平均为：500万元×20%=100万元，本报告以此作为预测依据。

（3）存量市场规模预测

依据上述数据，即可计算得出2021—2025年教育类建筑教学图书馆声学工程的存量市场规模（表5-19第五列数据）。数据结果显示，2021—2025年教育类建筑教学图书馆声学工程的存量市场规模同增量市场规模不相上下，年均水平为2.5亿元。

将增量市场规模和存量市场规模相加，即获得2021—2025年教育类建筑教学图书馆声学工程的市场规模。表5-20的数据表明，2021—2025年教育类建筑教学图书馆声学工程的市场规模不大，年均约为4.5亿元的水平。

表5-20　2021—2025年教育类建筑教学图书馆声学工程市场规模预测　单位：亿元

年份	2021	2022	2023	2024	2025
增量市场规模	1.92	1.92	2.00	2.00	2.04
存量市场规模	2.49	2.53	2.56	2.60	2.63
合计	4.41	4.45	4.56	4.60	4.67

二、报告厅声学工程市场规模预测

1. 增量市场规模预测

（1）报告厅增量推算

报告厅增量的推算方法同前面教学图书馆的完全一样。所不同的是，普通高校往往不止一座报告厅，往往还有多功能厅充当文化娱乐设施的职能。因此，本报告假设每所高校拥有两座报告厅，即在高校数的基础上翻一倍即可得到报告厅数及增量数（表5-21）。

表5-21　2021—2025年教育类建筑报告厅声学工程增量市场规模预测

年份	年增速/%	报告厅数/座	年增加数/座	平均每家声学投资/万元	市场规模/亿元
2021	1.73	5608	96	175	1.68
2022	1.73	5704	96	175	1.68
2023	1.73	5804	100	175	1.75
2024	1.73	5904	100	175	1.75
2025	1.73	6006	102	175	1.79

（2）声学工程投资额推算

由于难以直接取得高校报告厅室内装饰中声学工程的投资额数据，因此本报告调研了主持和参与高校报告厅建设、修缮的相关企业以获取所需要的数据资料。这些企业主持和参与的工程项目有：黎明职业大学土建新楼报告厅装饰工程、辽宁石油化工大学大学生工程训练与创新训练中心报告厅装饰工程、厦门大学医学院学术报告厅装修改造工程、西华大学学术交流中心报告厅装修改造工程、青岛大学科技研发中心报告厅装修（300人厅+200人厅）工程、武汉大学遥感学院报告厅装修工程、中国传媒大学广告学院广告博物馆报告厅装修工程、重庆师范大学沙坪坝校区五教楼学术报告厅装修工程、河南大学商学院学术报告厅公共空间装饰工程、新疆师范大学温泉校区马克思主义学院学术报告厅装修工程、南京信息工程大学滨江楼报告厅维修工程、中国石油大学（华东）多功能学术报告厅装饰工程等。

案例分析表明，除去特殊案例标明的较大装饰装修工程金额外，报告厅的装饰装修金额集中在40万～400万元之间，本报告以其平均水平250万元作为预测依据。由于报告厅是以听众的听闻环境建设为根本要求的，所以在室内装饰装修费用中，绝大多数是用于声学工程装饰装修的。在前面的讨论中，本报告指出，这一比例高达60%～80%。基于此，本报告以70%的比例作为预测依据。如此，平均而言，每座报告厅声学工程装饰装修费用为：250万元×70%=175万元。

（3）增量市场规模预测

在上述数据的基础上，即可计算得出2021—2025年教育类建筑报告厅声学工程的增量市场规模（表5-21）。数据显示，2021—2025年教育类建筑报告厅声学工程的增量市场规模不大，年均约为1.7亿元。

2. 存量市场规模预测

（1）报告厅存量推算

本报告假设每一座报告厅的声学改造升级周期为8年，则2013年的报告厅将于2021年进入改造升级周期。2022—2025年改造升级的报告厅分别对应于2014—2017年的报告厅队列。受各种因素制约，进入改造升级周期的报告厅并不会完全实行改造升级，本报告假设仅有10%实际进行了改造升级。据此，可以计算得出2021—2025年每年需要进行声学改造升级的报告厅数（表5-22）。

表5-22　2021—2025年教育类建筑报告厅声学工程存量市场规模预测

年份	待改造/座	需改造/座	平均每座改造费用/万元	市场规模/亿元
2021	4982	498.2	140	6.97
2022	5058	505.8	140	7.08
2023	5120	512.0	140	7.17
2024	5192	519.2	140	7.27
2025	5262	526.2	140	7.37

（2）声学工程投资额推算

上述案例分析亦表明，不同规模、不同装饰要求的报告厅改造升级费用存在较大差异，除去极端特殊案例费用外，大都集中在20万～400万元之间，本书取平均水平200万元作为报告厅改造升级装饰费用。同样鉴于在室内装饰装修费用中，70%的费用用于了声学装饰装修，因此本报告以70%作为预测依据。则，每个报告厅声学改造升级费用平均为：200万元×70%=140万元。

(3) 存量市场规模预测

依据上述数据，即可计算得出 2021—2025 年教育类建筑报告厅声学工程的存量市场规模（表 5-22 第五列数据）。数据结果显示，2021—2025 年教育类建筑报告厅声学工程的存量市场规模约为年均 7 亿元。

将增量市场规模和存量市场规模相加，即获得 2021—2025 年教育类建筑报告厅声学工程的市场规模。表 5-23 的数据表明，2021—2025 年教育类建筑报告厅声学工程的市场规模约为年均 8.9 亿元。

表 5-23　2021—2025 年教育类建筑报告厅声学工程市场规模预测　　单位：亿元

年份	2021	2022	2023	2024	2025
增量市场规模	1.68	1.68	1.75	1.75	1.79
存量市场规模	6.97	7.08	7.17	7.27	7.37
合计	8.65	8.76	8.92	9.02	9.16

三、小结

将图书馆的市场规模与报告厅的市场规模加总，即可获得教育类建筑声学工程的市场规模。表 5-24 的数据显示，2021—2025 年教育类建筑声学工程的市场规模约为年均 13 亿元。但实际上，由于中小学的市场规模没有纳入，所以这一数据是低于市场实际的。此外，高校还有大量的语音教室，其对声学的要求是较高的，因此教育类建筑声学工程的市场规模潜力还很大。

表 5-24　2021—2025 年教育类建筑声学工程市场规模预测　　单位：亿元

年份	2021	2022	2023	2024	2025
教学图书馆的市场规模	4.41	4.45	4.56	4.60	4.67
报告厅的市场规模	8.65	8.76	8.92	9.02	9.16
合计	13.06	13.21	13.48	13.62	13.83

第六节　小结

本章相继分析了酒店类建筑、展陈类建筑及教育类建筑部分声学空间的定义特征、市场类型、建设情况，并预测了其 2021—2025 年的市场规模。表 5-25 的数据显示，2021—2025 年延伸市场的规模将保持在平均 230 亿元左右的水平，且随着时间的增长，中国建筑声学工程延伸市场的规模将持续扩大，成为建筑声学工程核心市场的有益补充。

表5-25 2021—2025年建筑声学工程延伸市场规模预测　　　　单位：亿元

年份	酒店类建筑	展陈类建筑	教育类建筑	合计
2021	56.95	138.75	13.06	208.76
2022	57.50	146.72	13.21	217.43
2023	59.13	155.73	13.48	228.34
2024	56.53	166.38	13.62	236.53
2025	61.47	180.74	13.83	256.04

目前，相对于建筑声学工程核心市场而言，延伸市场并未受到高度关注，参与其中的建筑装饰企业还不是很多。然而，需要指出的是，建筑声学工程延伸市场仍然是一个较为专业化的建筑装饰市场，具有建筑声学工程设计与施工专业能力的企业进入这个市场仍是具有较强的、突出的市场竞争力的。

如果将表5-25中的数据与表4-12中的数据加总，即可得出2021—2025年中国建筑声学工程核心市场及延伸市场的总市场规模（表5-26）。数据表明，2021—2025年中国建筑声学工程的市场规模一直处于增长态势，但增长幅度有限。2021年整个市场规模在430亿元左右，2025年达到最高水平，为480亿元左右，平均而言每年约为450亿元。显而易见，这是一个较为庞大的市场，这为专业化的建筑声学工程装饰企业提供了一个广阔的"舞台"。

表5-26 2021—2025年中国建筑声学工程核心市场及延伸市场规模预测　　　　单位：亿元

年份	2021	2022	2023	2024	2025
核心市场规模	222.01	208.34	222.17	218.81	229.67
延伸市场规模	208.76	217.43	228.34	236.53	256.04
合计	430.77	425.77	450.51	455.34	485.71

06

第六章

建筑声学工程
潜在市场的前景与机会

第一节 潜在市场的定义及特征

前面对声学空间的类型进行了划分,将声学空间分为了三大类:核心市场、延伸市场和潜在市场。潜在市场指的是,除了核心市场和延伸市场之外的非观演类大型公共建筑的声学设计与施工,如机场候机楼、高铁车站、大型体育场馆、大型百货商场与购物中心等。

潜在市场具有与核心市场和延伸市场不同的特征。首先,潜在市场主要是非观演类的大型公共建筑,这些建筑具有一定的演出、展览展示等功能,因而对声学功能的需求分为不同的层次;其次,潜在市场所包括的公共建筑类型与每个人的关系程度最为紧密,几乎是每个人不可脱离的生活、工作、社交空间;最后,随着经济社会的不断发展,生活品质的不断提高,人们对建筑品质的要求也会不断提高,对非观演类建筑也会有越来越多、越来越高的声学需求,将为那些具有建筑声学设计与施工专业能力的工程承包商提供广阔的业务空间。

第二节 潜在市场的范围

声学专家中科院院士吴硕贤教授强调指出,所有建筑均应进行声学设计,声学设计是建筑设计的应有之义。随着中国经济实力的进一步增强,人们物质生活的极大富裕,人们会对越来越多的建筑提出声学设计需求,这是社会发展的必然。

娱乐场所、体育场馆、办公空间、机场车站等公共建筑的声学工程建设需求会较快显现,因为其与人们更高层次的精神需求更为密切,人们对此类建筑的健康、舒适性等方面的要求更为迫切。而这些潜在的建筑声学设计、施工项目,会进一步带动更多的建筑进入声学设计、施工领域,进而催生建筑声学工程建设的大发展、大繁荣。

一、娱乐场所

1. 娱乐场所的定义及特征

这里所指的娱乐场所,一般是指以营利为目的,并向公众开放、消费者自娱自乐的歌舞、游艺等场所,主要包括歌舞厅等各类歌舞娱乐场所和以操作游戏、游艺设备进行娱乐的各类游艺娱乐场所。

《娱乐场所管理条例》规定,娱乐场所不得设在下列地点:居民楼、博物馆、图书馆和被核定为文物保护单位的建筑物内;居民住宅区和学校、医院、机关周围;车站、机场等人群密集的场所;建筑物地下一层以下;与危险化学品仓库毗连的区域。可见,娱乐场所最重要的两个特征为:一是高度重视安全;二是高度重视环境噪声。娱乐场所的建设、装饰必须紧紧围绕着防火安全、用电安全及噪声污染展开,其中,娱乐场所的声学环境工程装饰是娱乐场所设计、施工、运维的重要内容。

2. 娱乐场所的类型

广义的娱乐场所主要包括以下场所:影剧院、录像厅、礼堂等演出、放映场所;舞厅、卡拉OK厅等歌舞娱乐场所；具有娱乐功能的夜总会、音乐茶座和餐饮场所；游艺、娱乐场所；保龄球馆、台球馆、旱冰场、桑拿浴室等营业性健身、休闲场所。

狭义的娱乐场所大致包括两类：一类是以人际交谊为主的歌厅、舞厅、卡拉OK厅、夜总会等；另一类是依靠游艺器械经营的场所，如电子游戏厅、游艺厅等。

二、体育场馆

1.体育场馆的定义及特征

体育场馆是进行运动训练、运动竞赛及身体锻炼的专业性场所，主要包括对社会公众开放并提供各类服务的体育场、体育馆、游泳馆、体育教学训练所需的田径棚、风雨操场、运动场及其他各类室内外场地、群众体育健身娱乐休闲活动所需的体育俱乐部、健身房、体操房和其他简易的健身娱乐场地等。

体育场馆的特征主要有：首先，建筑外形结构，尤其是体育馆的建筑外形、结构较为新颖、独特，对建筑光学、声学、热学等的要求较高；其次，相对来说占有较大的空间，无论是室内场馆还是室外场馆，面积较大，视野较为开阔；再次，有数量较多的人群集聚其中，环境较为嘈杂；最后，场馆功能往往多样化，被不同种类的体育运动项目划分、组合在一起。

2.体育场馆的类型

（1）体育场

体育场一般建有一个标准的田径场，在田径场内设置一个标准足球场（或橄榄球场）。场地四周设有看台，与其他配套设施一起可进行多种体育项目的训练和比赛。体育场均配有专职或兼职管理人员和教练员，负责训练和比赛工作。体育场按看台容纳观众人数分为：甲级（25000人以上）、乙级（15000～25000人）、丙级（5000～15000人）、丁级（5000人以下）。

（2）体育馆

体育馆按使用性质可分为比赛馆和练习馆两类；按体育项目可分为篮球馆、冰球馆、田径馆等；按体规模可分为大、中、小型，一般按观众席位多少划分，甲级6000人以上、乙级4000～6000人、丙级2000～4000人、丁级2000人以下。体育馆的地面、空间高度、光照度、温度、通风、音响等，均应符合该项比赛竞赛规则的要求。四周设置梯形看台，配有专门管理人员和教练员，负责比赛业务和训练工作。

三、办公空间

1.办公空间的定义及特征

办公空间是指，一个单位（法人单位或非法人单位均可）处理单位事务的场所，但该场所需要充分考虑布局、格局、空间的物理和心理分割等问题。办公空间首要地是为其中的工作人员创造一个舒适、方便、卫生、安全、高效的工作环境，以便更大限度地提高员工的工作效率。办公空间的设计与营造涉及建筑声学、建筑光学、建筑热工学、环境心理学、人类工效学等各方面学科的知识。

办公空间具有以下特征：首先，占有一定的物理空间，由一定数量的工作人员参与其中；其次，该空间经过必要的装饰，是一个比较舒适、安全、卫生的办公场所；最后，是一个公共空间，由不同的人员组成，对声、光、热有具体的要求。

2.办公空间的类型

（1）党、政、军等机关单位的办公空间

主要指的是乡镇及以上中国共产党、人民代表大会、人民政府、政协、法院检察院、民主党派、群团机关、军事机关等的办公空间。

（2）公司及非公司企业单位的办公空间

主要指的是有限责任公司、股份有限公司及非公司企业，包括国有企业、集体企业、股份合作企业、外商独资企业等单位的办公空间。

（3）文教卫生等事业单位的办公空间

主要指的是教育、科技、文化、卫生、社会福利、体育、法律服务等事业单位的办公空间。

（4）各类学会、协会等社会团体单位的办公空间

主要指的是各类学会、研究会、协会、商会、促进会、联合会等单位的办公空间。

（5）其他类单位的办公空间

主要指的是一些民办非企业的单位的办公空间。

四、机场车站

1.机场车站的定义及特征

机场，亦称空港、航空站，机场除了跑道之外，通常还设有塔台、停机坪、航空客运站、维修厂等设施，并提供机场管制服务、空中交通管制等其他服务。车站是交通运输生产的基地，办理旅客乘降、货物承运、列车到发及解编、机车和乘务组的整备和换乘、列检和货物检查，车站集中了与行车有关的技术设备。

机场车站具有以下特征：首先，机场和车站都有较大的建筑面积，都有较大形体的建筑物，建筑物外形新颖，往往是一个地区的标志性建筑；其次，机场和车站都位于地理重要节点的位置，是一个地区经济、社会发展的重要枢纽；再次，机场和车站是开放程度较高的公共空间，人流量较大，背景噪声较大；最后，机场和车站对建筑声学、建筑光学、建筑热学等的要

求较高,越来越注重节能、环保、舒适。

2. 机场车站的类型

（1）机场

机场一般分为军用和民用两大类。军用机场供军用飞机起飞、着陆、停放和组织、保障飞行活动的场所。民用机场专供民用航空器起飞、降落、滑行、停放以及进行其他活动使用的划定区域,包括附属的建筑物、装置和设施。民用机场不包括临时机场和专用机场。

按照出发目的地的不同,机场也可以分为:干线机场和支线机场;国内机场和国际机场。

按照运输对象的不同,机场也可以分为客运机场和货运机场。

（2）车站

按照交通方式的不同,车站主要分为火车站和汽车站,这是交通运输的两种主要方式。

火车站按作业性质分为客运站、货运站和客货功能兼备的客货运站三种。根据列车作业的性质可分为编组站、区段站、中间站、越行站和会让站5种。按照火车站规模可以分为等级站、简易站和招呼站,其中等级站又可以划分为特等站、一等站、二等站、三等站、四等站、五等站。

汽车站按照作业性质分为客运站和货运站;按照汽车站规模又可进一步分为一级站、二级站、三级站、四级站、五级站和简易站。按照运输距离和位置的不同,汽车站又可分为长途汽车站和市内汽车站。

第三节　潜在市场的建设情况

一、娱乐场所的建设情况

总体而言,自2012年开始,我国娱乐场所的数量一直呈缩减态势,由90271家减少至2018年的70584家,即在六年的时间里减少了19687家,平均每年减少3281家。从从业人员的数量来看,亦呈减少态势,由76.53万人减少至52.82万人,六年间减少了23.71万人,平均每年减少3.95万人。而从营业收入及实现利润来看,亦均呈缩减态势,分别由604.88亿元减少至520.97亿元、198.23亿元减少至112.33亿元。相对来说,利润的缩减幅度较大,六年间利润下降了四成之多（表6-1）。

在娱乐场所,KTV是对声学工程装饰要求较高的,而其数量也几乎占到了娱乐场所数量的一半。KTV主要分为传统式KTV和量贩式KTV两种,据智库数据中心资料统计,至2014年,全国共有KTV企业20496家。传统式KTV有9845家,量贩式KTV有10651家。总体上,企业

表 6-1 2012—2018 年我国娱乐场所的发展情况

年份	场所数量	从业人员/万人	营业收入/亿元	实现利润/亿元
2012	90271	76.53	604.88	198.23
2013	89652	83.57	884.21	208.47
2014	84137	72.91	1101.87	260.50
2015	79816	67.36	557.04	136.17
2016	77071	63.24	538.73	125.79
2017	78616	60.01	546.87	130.69
2018	70584	52.82	520.97	112.33

数据来源：根据《文化和旅游发展统计公报（2012—2018年）》整理。

数量从2010年的18000家到2014年的20496家，增加13.9%。其中，传统式KTV的数量下降13.3%；相反，量贩式KTV的数量增加60.2%。

艾瑞咨询的数据表明，2016年，全国KTV场所共有54027家，2017年为54308家，2018年减少了8.4%，为49739家。2018年全国KTV场所不断进行转型升级，业态正在缓慢走出低迷期，整体市场规模达1280.2亿元，同比增长1.8%。

二、体育场馆的建设情况

如同酒店空间，体育场馆建设在近十年来的发展也较为迅速，大型体育场馆也已经成为省市重要的基础设施建设项目。然而，从鲁班奖和中国建筑工程装饰奖的获奖项目来看，上榜企业并不多，参建企业也相对较为分散，没有形成专注于体育场馆室内空间工程装饰的专业企业（表6-2）。

表 6-2 2010—2019 年部分体育场馆声学工程项目及参建企业

	鲁班奖	中国建筑工程装饰奖	部分获奖企业
体育场馆	4项（例如济南奥林匹克体育中心体育馆、独山子文体活动中心、深圳南山文体中心、费县文化体育综合活动中心）	5项（例如常州市体育场馆、南昌市工人文化宫文化体育中心、高邮市卸甲镇文体中心等）	中孚泰文化建筑股份有限公司、南京金陵建筑装饰有限责任公司、山东天元装饰工程有限公司、北京城建安装工程有限公司

据国家体育总局《第六次全国体育场地普查数据公报》中的数据，截至2013年12月31日，全国共有体育场地169.46万个，用地面积39.82亿平方米，建筑面积2.59亿平方米，场地面积19.92亿平方米，人均场地面积1.46平方米。其中，室内体育场地16.91万个，场地面积0.62亿平方米；室外体育场地152.55万个，场地面积19.30亿平方米。

1995年，全国体育场地面积仅为7.8亿平方米，而到了2013年有19.92亿平方米，十八年的时间增加了12.12亿平方米，平均每年增加0.67亿平方米，增长速度非常快。从场馆数来看，1995年全国有61.57万个，而到了2013年有169.46万个，十八年的时间增加了107.89万个，平均每年增加5.99万个（图6-1）。

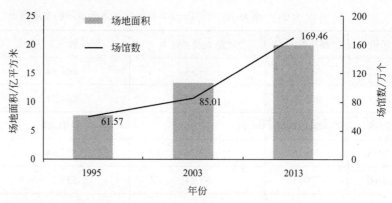

数据来源：《第六次全国体育场地普查数据公报》。

图6-1 1995—2013年全国体育场地面积及场馆数

国家体育总局《第六次全国体育场地普查数据公报》中的数据还显示，2013年我国拥有大型体育场馆［是指面向公众开放的体育场（观众座位人数在2万座机以上）及体育馆（观众座位数在3000座以上）］1093座。

从国家对体育场馆的财政支出力度来看，体育场馆建设的财政支出金额稳步提升，2010年为67.96亿元，2014年为136.97亿元，四年内翻了一番还要多。

三、办公空间的建设情况

任何一个办公空间，都有必然的归属和管理单位，因此，通过考察管理单位的情况就可以了解办公空间的规模。按照上述办公空间的分类，根据国家统计局的数据可以发现，2010—2017年全国各类法人单位数逐年递增，由2010年的8754588个增加至2017年的22009092个，七年间增加了13254504个，平均每年增加1893501个，年增长率为21.62%（表6-3）。

表6-3 2010—2017年全国各类法人单位数

年份	机关/个	事业单位/个	企业/个	社会团体/个	其他类型机构/个	合计/个	较上年增速/%
2010	250257	726067	6517670	202214	1058380	8754588	0.00
2011	249855	725000	7331200	209665	1078009	9593729	9.59
2012	250271	729118	8286654	215597	1134290	10616530	10.66
2013	250585	786297	8208273	262742	1348671	10856568	2.26
2014	259357	828440	10617154	294691	1701798	13701440	26.20
2015	258394	823615	12593254	302205	1751731	15729199	14.80
2016	256531	821777	14618448	303393	2191233	18191382	15.65
2017	255360	814716	18097682	299248	2542086	22009092	20.99

数据来源：《中国统计年鉴（2018）》。

表6-3的数据表明，企业法人单位数一直处于快速增加态势，是所有法人单位数增加最快、最多的。其他各类法人单位数期间虽有波动，但总体也呈增加态势，单位的增加必然会使办公空间的规模出现增加。从较上一年的增长速度及年增长率来看，完全有理由相信，未来全国各类单位数还将继续增加，办公空间的规模仍将进一步扩大。

四、机场车站的建设情况

1. 机场

据国家统计局的数据，1990年，中国只有94座通用机场，2000年有139座，十年间增加了45座，增长率为47.87%，这是中国机场数量增长最快的十年。而到了2010年，这一数据变为了175座，十年间增加了36座，增长率为25.90%。2018年中国机场数达到了233座，与2010年相比增加了58座，即八年间的增长率为33.14%。总体而言，中国机场数量的增长速度较快，在近二十年的时间里从94座增加到了233座，翻了一倍还多（图6-2）。

从运输飞机的数量上也可以看出中国机场数量及规模的扩大。1990年全国共有204架运输飞机，而到了2018年则达到了3639架，平均每年增加123架。从增长幅度来看，1990—2000年的十年间，运输飞机的数量从204架增长到了527架，翻了一番。而到了2010年，这一数据变成了1597架，即在2000—2010年的十年间，运输飞机的数量翻了两番（图6-2）。

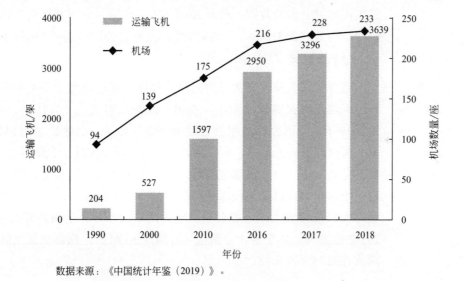

数据来源：《中国统计年鉴（2019）》。

图6-2　1990—2018年中国机场及运输飞机数量变化

2. 车站

（1）火车站

随着中国经济的快速发展，中国铁路建设突飞猛进。据交通运输部的数据，自2013年开始，全国铁路旅客发送量逐年增加，由21.06亿人增加至2018年的33.75亿人，平均每年增加2115万人，年均增长10%（图6-3）。2018年全国铁路旅客发送量完成33.75亿人，比上年增加2.91亿人，增长9.4%。其中，国家铁路33.17亿人，比上年增长9.2%。全国铁路旅客周转量完成14146.58亿人公里，比上年增加689.66亿人公里，增长5.1%。其中，国家铁路14063.99亿人公里,比上年增长5.0%。

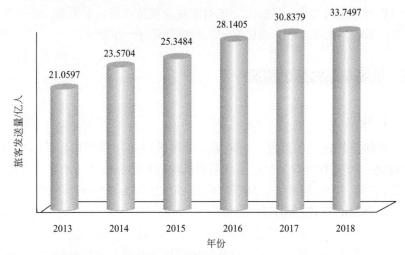

数据来源:交通运输部《2018铁道统计公报》。

图6-3 2013—2018年全国铁路旅客发送量变化

人数巨大的旅客发送量,自然离不开火车站的作用。据中国国家铁路集团有限公司的数据,截至2014年末,全国共有国家铁路车站特等站53个、一等站243个、二等站437个、三等站901个,共计1634个。

(2)汽车站

随着我国公路建设的日新月异,我国汽车运输事业不断加快。2013年,西藏墨脱公路建成通车,我国至此真正实现了"县县通公路"。截至2019年,我国公路总里程已达484.65万公里、高速公路达14.26万公里,居世界第一。目前,乡、县、市、省一级都实现了公路客运、货运,尤其是县、市、省一级都建有标准化的汽车站。一般来说,每个县都建有一个汽车站,每个地级市也都至少建有一个汽车站,而由于每个省会城市人口规模较大,一般会至少建有两个汽车站。全国共有2851个县、293个地级市、31个省市自治区(台湾地区除外),则据此保守估算,全国共有3275个汽车站。

第四节 潜在市场的前景与机会

在市场规模预测方面,潜在市场与前述核心市场及延伸市场有很大的不同,核心市场和延伸市场均为成熟市场,已产生了大量的建筑声学工程,积累了大量的工程数据,因而可以依据这些数据对未来的市场规模做出判断和预测,但潜在市场的建筑声学工程需求还未被有效、充分激发起来,还没有形成大量工程案例,因而没有可用的数据以对未来市场规模做出预测。

基于此，这里仅对潜在市场的未来开发前景和机会作粗略的展望。

一、娱乐场所的发展前景

表6-1的数据表明，尽管娱乐场所的建设数量是呈下降趋势的，但其绝对量较大，每年至少在7万家以上。因此，尽管未来没有增量，可存量市场巨大。而且，由于娱乐场所的装修设计除了要在环保、安全、声学方面必须达到相关要求外，在审美方面也必须要做到时尚化，只有这样才能吸引更多的顾客，因此，娱乐场所的装修改造、更新频次较快，平均每五年就需要进行改造更新，因而带来的市场发展前景较好。

二、体育场馆的发展前景

发达国家的经验表明，当人均GDP突破7000美元时，人民群众的运动、旅游等精神需求将快速增加，体育产业将会出现"井喷"态势。2019年，我国人均GDP突破了1万美元，因此完全有理由相信，我国的体育产业一定会发力，而且我国人口众多，体育产业的市场基数好，人民群众的体育建设及消费意识将明显增强，人均体育消费支出亦将明显提高。

2016年全国《"十三五"公共体育普及工程实施方案》提出，到2020年，人均体育场地面积达到1.8平方米。2014年10月国务院发布的《关于加快发展体育产业促进体育消费的若干意见》（国务院"46号文"）首次将全民健身上升为国家战略，提出了到2025年体育产业总规模超过5万亿元，产业增加值达到GDP的2%的发展目标，并要求到2025年我国人均体育场地面积要达到2平方米。以全国13.9亿人口来看，2025年全国体育场地面积要达到27.8亿平方米，体育场地数量有望超过250万个。

2013年，虽然我国大型体育场馆达到了1000座以上，但相对于同期人口远比我国少的美国来说，该数量还是较少，美国大型体育场馆的数量为2491座，平均每13万人拥有一座，而我国平均每119万人才拥有一座。可以预期，我国新建体育场馆的数量将维持高速增长的态势。

三、办公空间的发展前景

表6-3的数据表明，全国各类单位数非常多。尤其是对于机关单位、事业单位而言，由于其为国家政府机构组成部分，其具有很强的稳定性，办公地点、环境、人员、经费等均不会发生较大程度的变动，因此完全有理由相信，机关、事业单位的办公空间具有很强的稳定性，且需要声学工程装饰设计、施工、维护。

由于我国经济发展的速度较快，新增经济、社会团体单位的数量持续增加，这种快速发展的态势直接带来的影响就是办公空间的急剧扩充。因此，无论是从新增办公空间的市场规模来看，还是从存量办公空间的改造更新来看，其未来市场前景广阔。

四、机场车站的发展前景

中国经济经过几十年的快速发展，机场车站建设如火如荼，但机场车站的发展布局在未来

第六章
建筑声学工程
潜在市场的前景与机会

还会继续扩大下去。例如中国的机场建设，目前主要为国内省会城市及主要城市之间的通航，随着未来经济的发展，支线航线的兴起还将带动更大规模的机场建设。对于铁路而言也是如此，高铁技术的快速发展，使得我国火车站的改造建设获得了巨大机会，而未来此种改造升级建设还将大规模展开。

第七章

建筑声学工程企业的市场竞争力

第七章 建筑声学工程企业的市场竞争力

建筑声学工程具有较高的进入门槛,在装饰装修领域聚集了声学、光学、电学、舞台艺术等其他专业知识,对非建筑声学工程企业具有较强的排他性。虽然专注于建筑声学工程的企业专业性很强,企业数量不多,但企业之间的竞争仍较为激烈。建筑声学工程企业要想在建筑声学工程领域树立良好的企业形象,占有较大的市场份额,进而获得较高的经营利润,那么必须要具有:品牌价值及影响力传播能力、工程设计能力、工程施工能力、光电系统集成能力、供应链整合应用能力、平台管理能力等一系列能力,只有具备了这些基础的业务能力,建筑声学工程企业才可能在行业内具备较强的竞争力。

第一节 品牌价值及影响力传播能力

品牌价值及影响力是指品牌开拓市场、占领市场、并获得利润的能力。品牌价值及影响力已成为影响业主选择企业的重要考量因素。品牌暗含的就是产品的质量、品质,对于企业自身而言,品牌就是生产力。因此,企业不仅要做好产品和服务,还要注意打造自身品牌,传播品牌,扩大在行业内的影响力。

1. 具有清晰定位品牌价值及影响力的能力

这是品牌影响传播能力中最基础的,也是最重要的能力,"最基础"指的是品牌影响力建设中的第一步,没有第一步就没有后面的一系列步骤;"最重要"指的是最关键的一步,没有这一步或者这一步做不好,后面就不可能做好品牌建设让品牌助力企业发展。而实际上,目前很多企业并不能清晰定位自身的品牌价值和品牌影响力。品牌定位与企业发展战略定位高度相关,品牌定位不清晰很大程度上是由于企业发展战略不清晰造成的。优秀的建筑声学工程企业首先必须在深入理清企业发展战略定位,精准分析企业优势和劣势的基础上,清晰定位自身品牌价值和影响力,为后续品牌的传播、生产力的转化打好基础。

中孚泰文化建筑股份有限公司就是一家具有清晰定位品牌价值和影响力的企业。该企业聚焦于建筑声学装饰市场,大力参与代表建筑声学装饰顶级水平的观演空间的装饰业务,经过十余年的努力,参与建设和投资的大剧院全球领先,新中国成立以来中国十大剧院中孚泰贡献六座,因此其清晰地将自己的品牌价值和影响力定位于"剧院建设专家与领导者"。

2. 具有有效传播品牌价值及影响力的能力

只有清晰的品牌定位还远远不够,优秀的建筑声学工程企业还应该采取各种手段和措施,大力宣传、推广品牌的价值和影响力。业界常说"酒香也怕巷子深",其从另外一个视角阐述了传播品牌价值和影响力的重要性。要想有效传播企业品牌价值和影响力，企业应从以下几个方面入手：首先，围绕企业品牌定位开展企业文化建设，在企业的宣传册、宣传报、项目现场图示等标识企业的品牌定位信息，这是展示企业品牌最基础的手段；其次，充分利用互联网的优势，建好、利用好企业官网这一"宣传阵地"，积极对外宣传企业品牌；再次，充分利用自媒体、平面媒体等媒介，撰写相关文章（包括工程中标宣传、工程项目完工宣传、工程项目专项活动宣传、工程项目技术交流宣传）推广企业品牌；最后，积极参加政府相关部门如文化部门、宣传部门、住建部门的各类活动，以及建筑行业协会的各项展览、展示、评价等活动进行品牌专题宣讲、品牌推广等。

3.具有快速转化品牌价值及影响力为生产力的能力

精准定位品牌价值及影响力，并有效传播品牌价值及影响力，其最终的目的是将品牌价值及影响力转化为企业的生产力，转化为企业利润，不能转化为企业生产力及经营利润的品牌宣传和推广都是无用、无效的投入。优秀的建筑声学工程企业须具有快速转化品牌价值及影响力为生产力的能力，这就需要企业深耕于品牌定位的细分市场，专注于该领域的信息搜集、行业分析、市场研判，进而在潜在客户群做精准化的宣传推广，适时激发潜在客户的需求并充分做好及时满足客户需求的准备。

第二节　工程设计能力

工程设计业务为企业创造的价值所占比重不是很高，但其对企业发展而言具有重要的价值和地位，其代表了建筑声学工程企业的专业性、规范性。优秀的建筑声学工程企业须具备较高的工程设计能力，以凸显自身在建筑声学设计领域的驾驭能力。

1.具有全方位、多专业的综合设计服务能力

一般而言，建筑声学工程企业的设计主要是单一的功能设计，而要成为一家优秀的声学工程企业，其须具备全方位、多专业的综合设计服务能力，即从建筑设计的角度来说，要从建筑项目的上下各个环节进行延伸。例如，在项目的前期，帮助业主做一些项目定位，包括项目性价比、综合效益、常规声学设计、项目后期运营开发等。无论是什么样的设计，应尽可能地做到标准化，避免设计具有随意性，并使项目价值最大化。

2.具有拓宽建筑声学专业宽度的能力

建筑声学设计不单纯是"建筑+声学"，其中还包含了更为广阔的其他专业领域的要素，例如光学、电学、舞台艺术，因此在设计过程中，必须要有较为宽广的专业宽度，要充分考虑和使用舞台灯光、音响、机械、环境照明乃至材料等专业的知识。具备了这样的专业宽度之后，还需要拥有大量能够驾驭这些不同专业的设计人员和技术人员，其须具备丰富的设计经验，能够以建筑声学设计为指引，整合室内设计、舞台工艺设计，打通整个设计链条，使其协调统一，更快、更好地推进项目落地实施。

3.具有较强的建筑声学工程研究能力

一提到声学研究，往往被认为是学者们的事情，而实际上，优秀的建筑声学工程企业也一

定要具有较强的声学研究能力。声学工程企业的声学研究能力不一定是声学理论方面的，更多地应是基于实际工程业务，利用丰富的声学设计经验来解决实际的声学问题的研究。因此，具有较高建筑声学工程设计能力的企业应该在声学研究方面加大投入，必要时设立自己的声学研究实验室，有效地将领先的技术、软件、工具转换成设计生产力，在同类的设计过程中规避设计容易出现的问题。

4.具有较丰富的建筑声学施工知识和经验

设计和施工互为一体，设计的最终目的是为了施工的完成，施工的完成最终检验了设计的成效，并为下一次设计提供良好的经验。因此，优秀的声学工程企业须具有较为丰富和扎实的施工经验，并能将施工过程中遇到的各种问题、经验总结不断地传递到设计人员手中。在获取来自施工现场的各种反馈信息之后，设计人员可以在声学设计过程中少走弯路，提升声学设计的质量和水平，并更快地促进声学设计落地实施，更好地解决建筑声学难题。如果声学设计单位和施工单位不是同一家单位，那么声学设计师要与施工单位紧密配合，利用先进的技术对声学建筑进行数据搜集，形成真实的现场模型，然后开展进一步的深化设计，然后针对模型与实际建筑的差异进行深化调整。

5.具有提出声学工程项目开发价值最大化的能力

一个项目的开发建设，其最终目的是为了实现价值。优秀的建设声学工程企业应时刻具备提出项目开发价值最大化的能力，让设计真正为实现项目价值服务。例如，近些年来我国兴建了大量的剧院类项目或者演艺空间，尤其是政府开发的，或者是由民营企业代建的最后回归到政府的项目，一开始它们会成为城市的一张名片，但是在运营过程中往往捉襟见肘，成为一个很大的累赘，由于具有较大的体量，其运营维护成本相当高。

对此，优秀的建设声学工程企业应通过项目的经验总结与分析，从更多的维度来研究项目的价值，比如投资的性价比，比如在项目的初期和客户交流的时候，对于建设的体量、座位数、设备的投入及各个区域比如大堂、演艺空间、候场空间三大空间的面积关系，做出更好的性价比提升。同时，对于其功能的发挥是不是与城市发展定位相匹配、与市场发展定位相匹配、与其投资造价相匹配提出具体意见。

6.具有充分利用国内外知名建筑专家资源的能力

设计不能闭门造车，要和国内外同行广泛合作交流，充分借鉴和吸收其先进经验和技术。因此，优秀的建筑声学工程企业应通过与国内外知名的建筑师、建筑单位合作，包括与专业的工程顾问、专家的合作，形成自己强大的整合资源的能力。相比于同行，除了要有自身的工程、设计经验来支撑项目外，还应有效地利用这些资源为项目的设计创造价值，同时也能更高效地提出自己的设计方案，为业主的项目设计决策提供有力的依据。

7. 具有全面展示中国特色文化的能力

改革开放以来，中国的很多建筑都被烙上了外国文化的印记，不仅是在建筑外形上，而且还在建筑的名称上，都留下了浓浓的外国文化元素，这种膜拜西方或者西方欧化的装饰风格显然是对中国文化、中国建筑艺术的戕害。近几年来，国家高度重视中国传统文化建设和"文化自信"，因此，优秀的建筑声学工程企业在声学设计过程中必须注重中国传统文化元素的设计和使用，更多地通过创新性的手段体现出民族文化的东西。例如刚刚落成的四川大剧院就是重视中国传统特色文化设计的典范。从外建筑来说，它是非常中式的川式建筑；建筑内部的设计方案也是通过艺术加工之后的现代中式设计。

8. 具有持续提升设计师设计水平的能力

设计师是企业设计的核心，好的设计可以为企业带来高额利润，失败的设计会严重损伤企业的品牌影响力，因此，设计师的设计水平对企业的发展至关重要。要想持续提升设计师的设计水平，首先，要建立设计师培训机制，定期介绍国内外先进的建筑声学专业知识、最新的声学技术，培养设计师先进的建筑声学设计理念。其次，要为设计师提供设计平台，为其建筑声学设计提供实践的舞台，通过不断的实践提升设计水平；再次，要为设计师提供施工平台，通过亲自参与施工业务，积累工程经验，从施工视角审视设计工作，进而提高设计水平。最后，要注重设计标准化工作建设，通过大数据手段，建立设计数据平台，保存和积累设计经验，最终形成标准化设计。

第三节　工程施工能力

建筑声学工程企业的施工能力是企业的"硬核"，再好的设计，脱离了优秀的施工，也只是纸面上的好设计。因此，优秀的建筑声学工程企业必须在施工环节加大投入和管理，确保工程施工质量，出精品、出佳作。建筑声学工程施工涉及的面较为广泛，优秀的施工企业必须具备以下能力，才有可能在激烈的市场竞争中站稳脚跟。

1. 具有完全遵照建筑法律、法规施工的能力

为了保证建筑质量及居住、使用者的身体健康，国家颁布了一系列的法律、法规、行业规范、标准等来要求和约束施工企业，严格执行相关标准，按照要求施工，例如《中华人民共和国建筑法》《绿色建筑评价标准》等。而具体到建筑声学工程，施工企业还必须按照声学规范、声学设计文件来指导施工，以确保施工质量，例如《声环境质量标准》等。这些法律、法规、行业标准文件是企业施工生产的基本依据和底线，企业必须严格遵守和执行，这是建筑声学施工企业应具备的最基本的能力。

2. 具有按照工期要求及时完工的能力

对于业主而言，除了较为关注工程的质量、造价之外，还会格外关注工期。与国外不同，国内工程的工期安排较为严格，且业主具有很大的主动权，乙方必须严格遵守工期安排。因此，优秀的建筑声学工程施工企业必须具备统筹安排项目施工生产进度，按照工期要求保质保

量地按时完工的能力。由于建筑声学工程施工涉及的面较广，所以施工企业一入场，就要全面调度基建、空调安装智能化、调试系统、舞台灯光音响的末端定位（如麦克风、照明、消防灯等的位置定点、房间里面板、插座的统筹安排等）等工作，协调好各个专业之间的工期交接，尽量在缩短工期的情况下高效、高质量地完工。

3.具有施工成本、质量控制的能力

赚取足够多的利润，是企业经营发展的一个重要目标，要实现这一目标，其中两个重要的环节就是要严控质量、降低成本。严控质量和降低成本往往成为一对矛盾，降低成本同时经常会导致质量下降，而优秀的建筑声学工程企业必须是在严格保证质量的前提下实现成本下降。

企业要具有严控质量的能力，要严控质量，就要做到完全依据建筑声学设计文件及国家现行的建筑声学工程行业标准施工，这是保证声学工程质量的基础。此外企业还要在工程的各个细节上下功夫，确保工程交付使用的效果。例如在观演空间的声学工程施工中，要缩小或者避免化妆间的灯光照明与舞台上呈现效果之间的差异；处理好进场的功能设计、卫生间的位置、大厅空间的声音嘈杂等问题。

企业成本控制主要体现在材料和人工两个方面。近些年来，国内建筑声学工程装饰材料涨价及劳动力价格的持续上升，给企业的生产经营带来了巨大压力。企业要降低材料成本，就应注重新材料的研发，与优质材料企业合作，形成强有力的战略合作，推广新品使用；在材料的使用上应做好材料设计验样，整理材料数量，做到材料与现场相符合，减少二次送入。企业要降低人工成本，就应加大对员工的培训力度，提高员工的生产技能，提高其产出效率。

4.具有不断充实施工劳动力及人才的能力

目前，劳动力流动、技术人才流动及管理人才流动等已经成为制约企业健康、持续经营发展的重要因素，而这对建筑装饰企业更是如此，因此如何解决施工劳动力及人才的流失、短缺问题，是考验建筑声学工程企业施工能力的一个重要问题。优秀的建筑声学施工企业应建立施工劳动力及人才梯队，每年从劳务市场、人才市场、高校等招收相应的劳动技能人员及管理人员，不断补充生产一线、管理一线。同时，企业应注重培养自己的技术专家队伍，提高劳动技术人员的福利待遇，稳定生产队伍，尽量减少人员、人才流动，形成稳定、可靠的生产力。

5.具有装饰材料、技术不断创新的能力

材料和技术是建筑声学工程施工的重要载体，工程施工质量的高低首要地且主要地还是依靠装饰材料和技术来呈现。随着社会的发展，尤其是科技的不断创新，声学装饰材料和施工工艺不断推陈出新，优质的声学装饰新材料可以更好地实现声学设计目标，先进的声学工程施工工

艺可以更好地达到声学设计要求。优秀的建筑声学工程施工企业应在施工过程中不断提升施工工艺水平，发明施工技术专利，推广新技术在声学工程中的应用，引领行业发展。同时，企业也应注重声学装饰材料的研发，推出隔音降噪、声学装饰立面美化优化的新材质，引领市场装饰材料发展新方向。例如近几年来挤压机声屏障隔音材料的大量应用，很好地推动了声学装饰材料的发展，扩展了其使用范围。目前，国内很多演播厅的声学装饰都大量采用挤压机声屏障隔音材料，如果没有这些材质的使用，演播厅的装饰模型、装饰风格均无法落地实现。另外，氟碳漆工艺、贴图片、贴木皮等一系列施工工艺也有了很多创新，大大提高了声学工程的装饰效果。

第四节 光电系统集成能力

光电系统是建筑声学工程的重要内容，是建筑声学工程的重要补充。光电系统集成业务的开展，是在良好的声学环境的声学装饰下进行的，其最终目的是为了建筑声学服务，其所追求的目标是在良好的声学环境下发挥光电系统设备的最大性能，为业主提供高性价比的一致输出和声、光、电的视觉感受。

优秀的建筑声学工程企业须具备以下光电系统集成能力。

1. 具有强大的设计与咨询能力

光电系统包括舞台机械、灯光、音视频等内容，其涉及的面较为广泛，需要多领域、多专业的配合，这需要企业成为一站式的、系统性的声、光、电集成技术服务商，为业主提供"省时、省心、省力、省钱"的服务。因此，优秀的建筑声学工程企业首先需要具备强大的光电系统集成设计能力与咨询能力，为业主提供全方位的、多视角的建筑声学工程设计方案。要实现这一目的，企业须具备强大的设计团队，有高级设计师、专业工程师及一流的咨询专家，能够应对各种复杂的项目要求，解决实际的声学工程难题。

2. 具有强大的施工管理能力

有了好的设计，只是光电系统集成能力的第一步，接下来需要把设计完美地呈现出来。由于光电系统包括了舞台灯光、舞台音响、舞台机械，还包括视频设计、舞台内部通讯、会议系统、AV设备等，所以，优秀的建筑声学工程企业须有长期的施工管理团队、成熟的施工管理方案、标准的施工流程及完善的内部检测标准来保证整个系统的高效集成。要保证项目的质量，企业必须时刻培育员工的"工匠精神"，抓紧、抓实每一个环节、每一个细节，将各专业施工融为一体。

3. 具有强大的技术研发能力

优秀的建筑声学工程企业应高度重视光电系统集成的技术研发，并在研发方面成立专门的机构，配备定向研发。研发的内容应主要包括：光电系统集成的行业标准、光电集成技术、光电集成工艺标准等。企业除了研发、申请技术专利外，也应积极引进国外先进的音视频技术，拓展战略合作伙伴的广度，尽量使自身的业务拓展到所有需要声、光、电的行业，包括办公大楼、学校、社区等。

4. 具有强大的售后维保能力

只要经过严格的设计、施工，项目基本都会达到标准的设计使用年限，甚至超过原设计的使用年限。但工程完成并不是项目的结束，项目后期要提供足够的维保运营。由于光电系统集成涉及诸多专业，其在运行过程中难免出现问题，这需要声学工程企业配备专业的维修人员及强大的行业资源，包括一些战略合作伙伴，提供强大的售后服务。这种售后维保应该在工程完成之时就被启动，而不是等项目出现问题才仓促应对。

第五节　供应链整合运用能力

由于建筑声学工程涉及声、光、电、舞台艺术等各专业，相应地就需要这些专业企业配合参与，为工程施工提供技术、设备、原材料等。优秀的建筑声学工程企业须对这些专业企业进行合理、有效的协调、整合、管理，以促进其高效、快捷地为声学工程企业服务。概括而言，建筑声学工程企业须具备以下供应链整合运用能力。

1. 具有供应商管理前置化的能力

传统的采购和供应行为就是简单的买卖行为，采购方提出购买邀约，供应商提供符合要求的商品。优秀的建筑声学工程企业应打破这种传统意义的采供关系，要让供应商除了提供配套的产品服务、满足项目标准化定制服务的同时，更多地应是让供应商参与到项目中来，即实现供应商管理前置化，打造与供应商紧密合作的新高度，共同研发新品，使其提供全域化的业态服务。

2. 具有扶持更多优质供应企业的能力

前文已述，建筑声学工程不仅涉及声学，还会涉及光学、电学、舞台艺术等专业，因此在产品供应链条上会面临到各行各业、数量庞杂的企业。优秀的建筑声学工程企业应利用行业平台、协会单位、展会搜集和挖掘相关企业信息，对供应商进行实地调研及考察入库，并与之建立良好的战略合作伙伴关系，同时培养具有扶持更多优质供应企业的能力，无论是对设备供应企业，还是对新材料供应企业，均应加大共同研发力度，成规模地生产以降低材料成本，促进优质材料生产企业的规模化发展。

3. 具有建立信息化、智能化采供平台的能力

由于建筑声学设计、施工涉及多个专业领域，相应地就有很多合作商、战略合作伙伴，最少几十家，多则几百家，因此，如何有效管理、维护这些企业，实现高效采购、合作是检验优秀建筑声学工程企业的一个重要标志。对此，建筑声学工程企业应具有建立信息化、智能化采供平台的能力，及时了解合作商、战略合作伙伴的企业发展动态，保持顺畅联络；同时，应在建立平台的基础上，实现材料标准化，采购集中化，制定高效的集中采购运作机制，推进采购集中化，与供应商建立长期战略合作关系，加强企业之间的合作，共同发展。优秀的建筑声学工程企业还应充分利用该平台，根据项目的特点及需求协调供应，维持供应链的平衡，形成良性竞争与发展。

4. 具有研发、深化建筑声学材料的能力

优秀的建筑声学工程企业应利用自身建筑、声学设计团队的专业能力，与供应商共同研发、深化材料，进一步提升材料的声学性能、提高其性价比，在为企业、行业降低成本的同时提升专业水平和更多的选择。此外，由于部分国外材料在引进过程中因进口成本及所需规模较少而造成材料的整体成本过高，同时国内技术又无法在短时间内进行补充和代替，所以这时特别需要建筑声学工程企业联合相关供应商、合作商及战略合作伙伴，积极投入进行研发，实现材料国产化，以降低材料成本。

5. 具有引进和推广国际专业品牌的能力

国外建筑声学建设起步早，在建筑声学设备、材料研发方面具有先进经验和成果。优秀的建筑声学工程企业应积极搜集国外建筑声学设备、材料信息，在充分调研市场的基础上，引进和推广国外建筑声学设备、材料优秀品牌，在行业内起到引领作用。同时，建筑声学工程企业还应通过公司的品牌宣传及经典工程案例对国外新材料的引用效果，在行业内积极进行推广，在起到扩大企业影响的同时推广国外专业品牌。

第六节　平台管理能力

1. 具有围绕企业发展战略建立适宜企业文化的能力

任何一家企业都会建立自己的企业文化，但建立什么样的企业文化却是非常值得研究的一个问题。由于建筑声学工程企业专注于建筑装修市场中的声学市场这一细分领域，因此，建筑声学工程企业必须紧紧围绕这一细分市场的企业发展战略建立适应企业使命、愿景和价值观的企业文化。在构建企业文化的过程中，应较好地处理企业经营理念、企业发展愿景、人才建设理念、薪酬分配理念及员工行为准则五个方面的关系。企业应组织企业中高管、员工参与文化制定的讨论，定稿后首先要在企业内部进行宣讲、培训，形成企业全员共识。

2. 具有围绕企业发展战略建立高效组织架构的能力

任何一家企业均应建立适合自身管理、发展的组织架构，建筑声学工程企业也不例外，其必须围绕企业发展战略，根据建筑声学工程业务发展规律建立高效的组织架构。此外，建筑声学工程企业在建立组织架构的过程汇总，还应遵守精简、高效的原则，不能设立过多的部门，一定要以相应市场和客户需求为导向，同时方便部门之间的协调沟通及信息传递。同时，组织架构设立时，还要考虑企业内控的要求，避免出现管理风险问题。

3. 具有选拔技术、管理人才和干部的能力

企业战略、企业文化、企业组织架构建设完成、确定以后，选拔技术、管理人才和干部就是决定性因素。人才是企业的第一生产力，干部是企业的"火车头"。首先，在人才、干部的选拔上应以"竞聘上岗"的形式进行，这样可以充分发现、评估人才和干部，激活现有管理团队的工作积极性。其次，对于一些重要的管理岗位，应遵从"一岗多配""管理梯队"的原则，让年轻的员工多一些机会，让长期在位、碌碌无为的人产生危机意识。最后，应实行"末尾淘汰"制，对那些考核不过关、业绩平庸的干部及时进行调整，但也应再提供相应的机会，如去分公司担任管理工作，继续发挥作用。

4. 具有建立公平、高效分配激励制度的能力

企业发展的动力和活力除了来自企业发展目标、发展机会的吸引以外，在很大程度上还受到了经济利益的驱动，即企业不仅要创造社会价值，更重要的还要创造经济价值，没有经济价值的创造，企业就会面临倒闭。据此，建筑声学工程企业必须建立一套公平、高效的分配激励制度，以激励企业全员为企业创造经济价值、社会价值做出贡献，进而获得合理的经济回报。从大的层面上来说，企业要为部门建立公平、高效的分配激励制度，引导各部门积极进取创造经济效益。同时，各部门内部又要建立针对具体员工的分配激励机制，来充分调动一线人员的积极性、主动性与创造性。例如可以建立以下激励制度：《营销激励制度》《工程激励制度》《商务核算激励制度》《投标激励制度》《设计院激励制度》等。

5. 具有制定和全面执行预算管理制度的能力

凡事预则立，不预则废。企业制定和执行预算管理制度具有极端重要性，建筑声学工程企业应严格制定和全面执行预算管理制度。预算有很多种，有生产经营预算、销售预算、期间费用预算、人工成本预算、资本支出预算、资金收支预算、营业外收支预算等。企业利润的取得，最终都会落实到每一个具体的项目上，因此，建筑声学工程企业应格外重视以项目计的预算，从项目初期成本预算和项目过程成本预算两个角度对项目编制预算，并实时监控预算的执行情况。在进行项目初期成本预算和过程成本预算时，项目所涉各部门要集中搜集资料，全面分析项目成本费用，力争做到预算全面、合理、准确。在项目进行过程中，还应根据项目发展动态，本着客观、合理、可行、在经济上能够实现最优化的原则适时调整项目预算。

第八章

近十年精品
建筑声学工程概览

一、艺术表演中心类

1. 哈尔滨大剧院

哈尔滨大剧院（图8-1）坐落于中国黑龙江省哈尔滨市松北区的文化中心岛内，大剧院占地面积7.2万平方米，总建筑面积7.94万平方米，地上建筑面积3.94万平方米，地下建筑面积1.9万平方米，总投资10亿元。项目包括大剧院（1600座）、小剧场（400座），建筑采用了异型双曲面的外形设计，是哈尔滨的标志性建筑。

哈尔滨大剧院属异形结构建筑，具有大跨度、高空间、复杂钢结构等难度特点，其外观造型属于三维曲面，施工难度极大。哈尔滨大剧院力图从剧院、景观、广场和立体平台多方位给市民及游人提供不同的空间感受。考虑到观演和观光的需要，大剧场采用了世界首创的将自然光引入剧场的方式，丰富了非演出时段的照明方式，创造了节能环保新模式；剧场内采用多岛式看台的流线造型与建筑外造型的整体风格相统一。

装饰及声学工程部分参建单位：
中孚泰文化建筑股份有限公司

图8-1
哈尔滨大剧院

图 8-2
江苏大剧院

2. 江苏大剧院

江苏大剧院（图8-2）占地面积约20万平方米，建筑总面积27万平方米，包括歌剧厅（2037座）、戏剧厅（1014座）、音乐厅（1476座）、综艺厅（2540座）、报告厅以及附属配套设施，满足歌剧、舞剧、话剧、戏曲、交响乐、曲艺和大型综艺演出功能需要，投资额20亿元，是中国最大的现代化大剧院、亚洲最大的剧院综合体。

江苏大剧院总体设计呈"荷叶水滴"造型，4颗"水滴"于顶部向中心倾斜，在建筑屋面呈现出花瓣状的肌理，营造出如同"荷叶"上滚动"水滴"的效果。而4颗水滴就是江苏大剧院的4个功能区，包括歌剧厅、戏剧厅、音乐厅、综艺厅等。江苏大剧院的墙体采用"20+10+20"的隔音模式，墙体两侧各是20厘米厚度的墙体，中间留有10厘米厚度的空间填充隔音材料，因而总厚度达50厘米。隔音效果达到65分贝，相当于普通马路路口的声音强度。

江苏大剧院采用了大量的GRG（玻璃纤维加强石膏）板材、穿孔吸音材料、空腔结构等隔音材料和构造措施，同时还大量采用新型材料，如超大型GRG双曲面板、透光膜、穿孔吸音铝板等。新材料的加工、安装方案的确定也是本工程的难点。

装饰及声学工程部分参建单位：

苏州金螳螂建筑装饰股份有限公司、中孚泰文化建筑股份有限公司、浙江亚厦装饰股份有限公司、中建东方装饰有限公司

3.山东省会文化艺术中心大剧院

山东省会文化艺术中心大剧院（图8-3）由法国剧院设计师保罗·安德鲁主持设计，总占地面积7.5万平方米，总建筑面积13.6万平方米，建筑造价24.75亿元，由音乐厅、歌剧厅、多功能厅、排练厅及演艺厅组成。

歌剧厅内设有1775个座位，舞台面积达3223平方米，采用国际上常用的"品"字形舞台工艺布置形式，配置了左右大型车台群以及大型车载转台。歌剧厅主舞台台面可在任意行程高度面向观众席倾斜10°，可接纳世界级大型舞台艺术剧目演出。音乐厅内设有1496个座位，演奏台由演奏升降台群、钢琴升降台、固定台构成，可以容纳四管乐队和大型合唱队的演出使用。演艺厅内设有472个座位，剧场建筑平面为矩形，宽22米，长32米。内部可由舞台机械实现舞台和观众厅形式的改变，可满足会议模式、小型演出模式、T型台模式等多种演出形式的需要。

装饰及声学工程部分参建单位：

深圳洪涛集团股份有限公司、中孚泰文化建筑股份有限公司、中建八局第二建设有限公司、中建安装集团有限公司

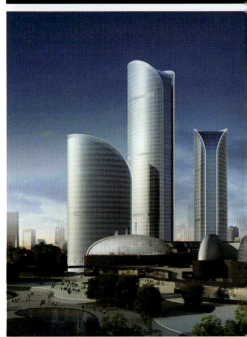

图8-3
山东省会文化艺术中心大剧院

图 8-4
青岛大剧院

4.青岛大剧院

青岛大剧院（图8-4）由德国剧院建筑设计师麦哈德·冯·格康主持设计，整体外观似两架白色钢琴，总占地6公顷，总建筑面积8.7万平方米，建筑分地下1层，地上5层，总造价13.5亿元。

青岛大剧院由歌剧厅、音乐厅和多功能厅等组成。歌剧厅是青岛大剧院的主体核心演出场所之一，以"马蹄"形的建筑平面占据了整个建筑群的北侧位置，拥有世界级的舞台设施及设备，可以适用歌剧、舞剧、芭蕾、戏曲、大型魔术表演，杂技表演，兼顾大型综艺演出及会议。音乐厅位于青岛大剧院的南侧，主要演奏大型交响乐、民族乐和室内乐，舞台（演奏台）宽23米、深12米，能容120名的四管乐队和180名合唱队演出。多功能厅最多可容纳448人，主要供演出小型歌舞、戏曲、话剧、声乐以及小型管弦乐、室内乐等，兼有会议、庆典、展示会等功能，配有多种形式变换的座椅车台和自由组合的舞台。

装饰及声学工程部分参建单位：

青岛东亚建筑装饰有限公司、深圳市晶宫设计装饰工程有限公司、中孚泰文化建筑股份有限公司、深圳市建筑装饰（集团）有限公司、青岛德才装饰安装工程有限公司、青岛金楷装饰工程有限公司

5. 甘肃大剧院

甘肃大剧院（图8-5）为甘肃省会展中心建筑群的重要组成部分，位于甘肃省兰州市城关区北滨河东路1号，由大礼堂、小剧场、多功能会议厅组成。甘肃大剧院外观设计为"黄河岸边打开的书卷"，总建筑面积31618平方米，建筑分地下三层，地上四层，建筑高度32米。甘肃大剧院实现了多个国内"一流"，创造和填补了国内多个技术空白。曲线流动的大厅正门，进深24米、开间61.4米的大舞台视野开阔，共有1500个流线型座椅。

甘肃大剧院在施工过程中积极推广应用"建设部十项新技术"，所有装饰材料全部采用节能环保产品，并实施厂家工厂化生产加工，现场安装，整个工程工厂化程度高，有效降低了材料的损耗；大量使用节能灯照明，洁具水龙头大部分安装电子延时阀，有效地防止水、电资源的浪费，最大程度体现了节能与环保的理念。

该工程施工过程中，严格执行"样板引路"和"三检"制度，对所有铺贴完毕的大理石地面均进行了无缝抛光、晶面处理，所有墙顶面乳胶漆均采用喷涂方式等施工措施。做到施工质量精细，精益求精。新材料生产工艺技术先进，安装质量上乘，各项检测均满足国家和地方规范规定要求。

装饰及声学工程部分参建单位：

中孚泰文化建筑股份有限公司、湖南建工集团装饰工程有限公司

图 8-5
甘肃大剧院

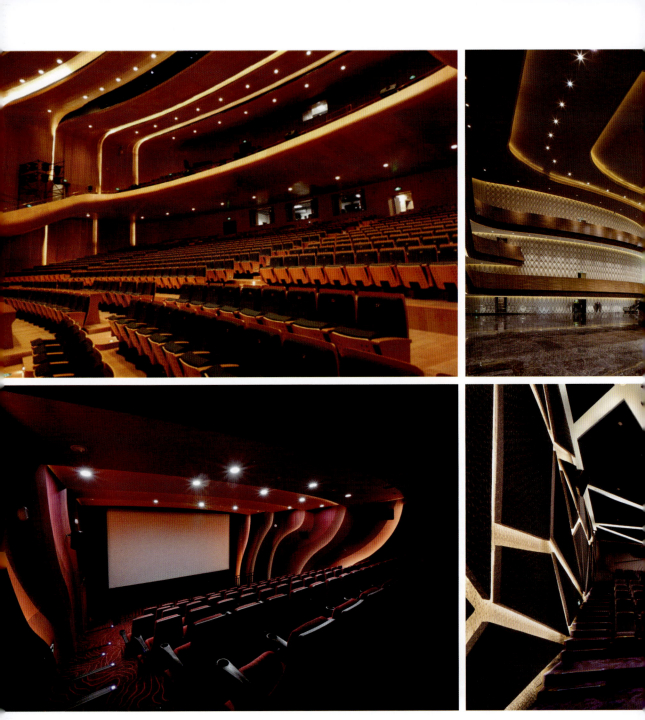

图 8-6
吉林市人民大剧院

6. 吉林市人民大剧院

吉林市人民大剧院（图8-6）总投资1亿元，建设规模为35800平方米，其中地上建筑面积为27985平方米，地下建筑面积为7815平方米。地上4层，地下1层，建筑高度34.6米（单层）。工程精装修设计范围分别为公共观众休息厅、大剧场（观众座席数为1480座）、小剧场（小剧场主观众座席数为500座）和电影院（电影院设4个观众厅，观众总座席数为600座）、排练厅、琴房、贵宾室、化妆间、办公区空间。

以"浪花叠锦"为设计主题的观众厅浑然一体，在形体转角和体块交接的处理上，流畅、轻灵，仿佛梨园名伶的水秀翻飞。以北国冰霜为设计主题的小观众厅犹如被晶莹剔透的冰川包围着，同时兼顾声学扩展效果。大、小剧场交相辉映，相得益彰。电影院将吉林四季景观与人文有机结合。该工程运用了超高大跨度混凝土梁施工等多项新技术，创造了全国剧院类工程施工工期最短、精装修施工工艺最先进等多项全国之最。

装饰及声学工程部分参建单位：

深圳洪涛集团股份有限公司、苏州金螳螂建筑装饰股份有限公司

7. 秦皇大剧院

秦皇大剧院（图8-7）总建筑面积21608.87平方米，总投资超过5.39亿元。大剧场主场馆观众席可容纳1839人，主舞台采用国际上通行的"品"字形舞台，舞台机械、灯光、音响系统等设备均按照国内一流标准配置。

秦皇大剧院采用了吊顶石膏板，墙面石材收口采用留缝收口法，这种留缝收口其实是运用各种收口方法做出一定宽度的收口缝或者分割缝，来达到收口的目的，虽增加了施工的难度，使施工人员增多，但却可以使需要收口的饰面更加整齐美观，即是一种收口施工工艺，也是一种设计风格。另外，一层门厅两侧采用了弧形洞石干挂，施工完的弧形石材装饰面设计风格新颖，立体效果明显；与多种装饰整体风格统一，体现了稳重、庄严的设计风格，又不失新颖、现代、精致、独具一格的建筑风格和流行时尚气息。

装饰及声学工程部分参建单位：
苏州金螳螂建筑装饰股份有限公司、浙江亚厦装饰股份有限公司

图 8-7
秦皇大剧院

8. 东营水城雪莲大剧院

东营市水城雪莲大剧院（图8-8）建设用地294900平方米，总建筑面积45094平方米，工程投资1.94亿元。包括1343座大剧院、400座多功能厅小剧场、7个电影厅，共计274座。

东营水城雪莲大剧院的布局为地下一层为空调机房，地上一层为售票厅、售票厅办公室、化妆间、卫生间等，地上二层至四层是以多功能厅为首的一些配套房间：化妆间、卫生间、舞台控制室、放映室、音响控制室及地上一层连廊、后勤通道、消防楼梯、电梯等区域；很好地解决了顾客及商场工作人员的各种需求。该工程一至三层顶面采用多个大小不一的不锈钢椭圆形造型、木纹铝条饰面，该装饰设计创意在于一至三层走道墙面以茶色不锈钢为背景；以新型材料金色GRG竹子为面层体现出金碧辉煌的空间感；入口大厅顶面以四层镀锌钢结构为基层；以白色GRG圆弧板拼接为面层体现出更好的空间感等。其均是本工程的特点与难点。

装饰及声学工程部分参建单位：

深圳瑞和建筑装饰股份有限公司、中建三局东方装饰设计工程有限公司

图8-8
东营水城雪莲大剧院

9. 新清华学堂大剧院

新清华学堂大剧院（图8-9）的建设达到专业剧场标准，场馆内有演出大厅、排练厅、多功能厅、化妆间、接待室及其他配套设施。其中，演出大厅设池座和两层楼座，共有2011个座位。舞台配有双侧台，主舞台台口宽18米，高11.5米，升降乐池可容纳百人乐队，工程总造价约3亿元。

剧院按照以音乐为主的多功能剧场，取较长的混响时间，设计中频（500赫兹）满场混响时间为（1.4±0.1）秒。加舞台反声罩后，中频（500赫兹）满场混响时间为1.6秒。并使低频混响时间有一定幅度的提升（相对于中频混响）。新清华学堂竣工测试空场混响时间为1.49秒（无声罩时）。

装饰及声学工程部分参建单位：
北京清尚建筑装饰工程有限公司

图8-9
新清华学堂大剧院

图 8-10
四川大剧院

10. 四川大剧院

四川大剧院（图8-10）坐落于成都天府广场，总投资约8.7亿元，总建筑面积达5.9万平方米，体量是前身锦城艺术宫的3倍。项目采用汉风蜀韵的传统官式设计风格，由一个1601座的大剧场、一个450座的小剧场和一个350座的多功能厅组成，是四川省目前规模最大的综合性多功能剧场。

因有着建筑空间方面的限制，四川大剧院全国首创性地运用了如同"叠罗汉"式的上下大小剧场重叠布局的"双剧场"的设计，将20米高的大剧场与9米高的小剧场立体重合。项目通过运用浮筑楼板、双层隔音墙、特质隔音楼板等精选材料，达到精准隔音的完美效果，即使在开摇滚演唱会，另一个剧场也能完全不受影响，保证大小剧场演出能够同步进行，互不干扰。

装饰及声学工程部分参建单位：
中孚泰文化建筑股份有限公司

11. 云南大剧院

云南大剧院（图8-11）是云南省级重大标志性文化设施之一，设有1475座的大剧场，790座的音乐厅和440座多功能厅，是云南省目前规模最大，档次规格最高，集大型演出、会议和活动于一体的综合性场所，能满足国内外大中型文艺演出需要。

剧场内音乐厅和多功能厅的装修完成面全部为多样化GRG造型，三维空间均是不规则图形。云南大剧院总建筑面积达47010平方米，各区域设计数据重复性低，涉及各专业的数据信息十分庞大，因此项目选择了BIM技术的介入，对工程项目进行提前演练，有效地控制了返工率，避免各种资源的浪费，提高了工程效率。在让工程高效完美的同时，也让剧场内的声学效果更贴合一流的国际水平。

多功能小剧场设置了活动舞台和折叠台阶，观众席区设置伸缩活动看台。台上配置了16道电动吊杆、4道侧吊杆、4台单点吊机，通过巧妙构思、自由灵活地使用，满足不同的表演形式和使用功能。音乐厅舞台机械主要设置了能够满足演出中灯光、音响、反声板所需的吊杆、吊机（反声板高度、角度可调），采用固定敞开式舞台。

装饰及声学工程部分参建单位：
中孚泰文化建筑股份有限公司

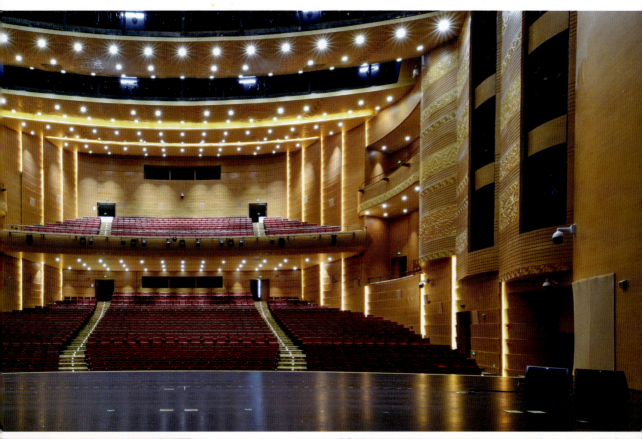

图 8-11
云南大剧院

图 8-12
郑州大剧院

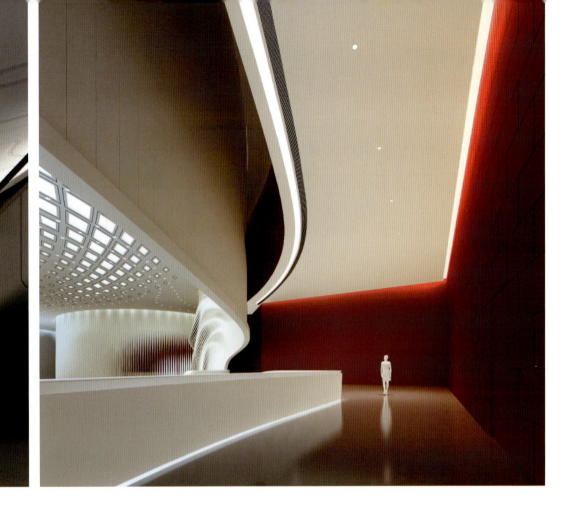

12. 郑州大剧院

郑州大剧院（图 8-12）总建筑面积 125965 平方米，占地面积 50942 平方米，总建筑面积 125965 平方米，其中，地上建筑面积 62578 平方米，地下建筑面积 63387 平方米，建设内容包括：歌舞剧院 1 个（1700 座）、音乐厅 1 个（850 座）、多功能厅 1 个（430 座）、戏曲排练场 1 个（450 座）、豫剧团驻场区、曲剧团驻场区、行政办公及管理办公用房、附属配套用房及地下车库等。其以"黄河帆影，艺术之舟"为设计理念，似古舟巨舰扬帆破浪行驶于黄河之上。

观众厅空间为异形双曲面和多曲面造型，为了满足剧场声音的均匀度，该厅的拦河按照声学要求设计，安装了不同比例大小的声扩散体。鉴于天花板及墙面的多曲面造型复杂度远超国内其他项目，项目采用了三维模型辅助设计和 BIM 技术，使天花板与墙面的木纹漆整体连通，纹理从天花板顺至观众席，确保声学条件的同时也优化了空间造型。

装饰及声学工程部分参建单位：
中孚泰文化建筑股份有限公司

13. 上音歌剧院

上音歌剧院（图8-13）是上海的第一座真正意义上的专业歌剧院，总建筑面积31926.42平方米。其为8层综合体，外形犹如一艘扬帆起航的领航船头，巨大的几何体量也营造出一种厚重的历史雕塑感，十分具有建筑美学的韵味。歌剧院地下3层、地上5层，最高处建筑高度为34米，拥有1个1200座的中型歌剧院，4个排演厅以及1个专业学术报告厅。

为降低靠近地铁线路而导致的噪声影响，声学团队曾连续48小时在歌剧院周边进行声音采样，进行分析，寻找隔振降噪的最佳应对方法。经过多方商讨，上音歌剧院最终采用弹簧阻振器的方式，在结构上构成了"全浮"结构，将地铁带来的噪声振动隔绝在外，保障了剧场内的声学环境始终保持高标准。

上音歌剧院是国内首个采用整体隔振技术建造的全浮结构歌剧院，该技术使得剧厅可达到根据不同演出的需要调节室内混响时间的目的。也是得益于这一技术的应用，让语言类演出的声音效果能够更具清晰度，让表演类剧幕的声音效果更加饱满、有韵味，即使不同的表演形式在同一剧场环境下也能营造出各自所需的完美声场效果。

装饰及声学工程部分参建单位：
中孚泰文化建筑股份有限公司

图8-13
上音歌剧院

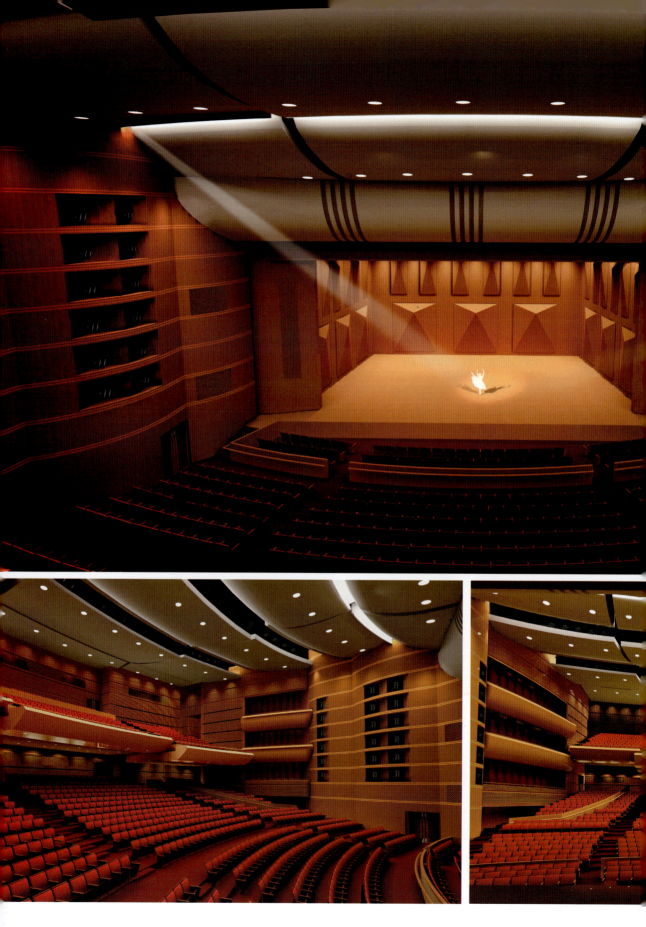

14. 东莞玉兰大剧院

东莞玉兰大剧院（图8-14）为广东省东莞市标志性文化建筑，拥有一个1600座的大剧场和一个400座的多功能实验剧场，大剧场配有工艺设计流畅合理的全机械化舞台，有供250名演员同时使用的化妆间，供120人四管制规模乐队演奏人员使用的乐池和乐队休息室，还配有芭蕾舞、歌剧、合唱团排练厅、高档贵宾厅、展示厅、中西餐厅、咖啡厅、艺术商场及室外景观休闲区。整体外观宛如一袭弗拉门戈舞蹈旋转的裙摆飞扬，总占地面积36010平方米，总建筑面积40257平方米，建筑分地上8层，地下2层，总造价6.18亿元。2013年10月12日，在山东省济南市召开的"第十届艺术节剧院建设与综合运营高峰论坛"上东莞玉兰大剧院荣膺中国十大剧院称号。

装饰及声学工程部分参建单位：
中孚泰文化建筑股份有限公司

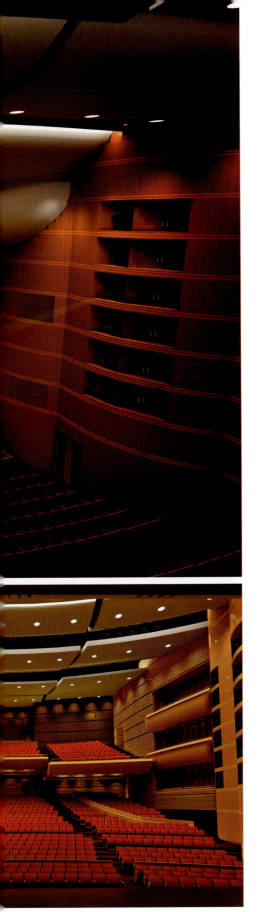

图8-14
东莞玉兰大剧院

15.武汉琴台大剧院

武汉琴台大剧院（图8-15）是中国人自己设计、建造的第一座大剧院，总建筑面积达65650平方米，拥有1800个座位，能满足各类歌剧、舞剧、音乐剧、大型歌舞、戏剧、话剧等大型舞台类演出的使用要求。琴台大剧院是我国将GRG材料大规模应用到工程项目的第一个工程案例，观众厅、大厅、天花板、墙面等全部采用GRG材料拼接，总面积约5000平方米，实现完美拼接，保证了项目的整体性和统一性。

武汉琴台大剧院2007年落成时，舞台设备创下当时中国多项邻先，首次运用横跨舞台上方的活动式灯光；主升降台可承载25吨重量；主升降台运动速度0.5米每秒；主升降台装有倾斜台板，舞台表面能倾斜至10度；主升降台由4台电机驱动，可使舞台运动更平稳，升降更精准；布景的电机吊杆可承载1000公斤，运动速度1.8米每秒等。

装饰及声学工程部分参建单位：
中孚泰文化建筑股份有限公司

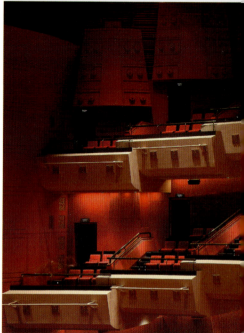

图8-15
武汉琴台大剧院

图 8-16
菏泽大剧院

16. 菏泽大剧院

菏泽大剧院（图8-16）是菏泽一项重要的现代文化设施，也是菏泽目前财政投资最大、功能最齐全、结构最复杂的单体公共设施。工程以牡丹花瓣为造型，突出了"刚柔相济、牡丹盛开"设计理念，体现了菏泽"牡丹之乡"的地方特色。工程建筑面积31141平方米，建筑高度34.7米。大剧院设计有1519座主演播厅、3个112座的小放映院、3个戏剧茶座和一个320座的多功能厅，此外还有会议室，化妆间，大、小排练厅以及琴房等功能用房，不仅能够满足音乐、歌舞演出功能外，还可以用于大型会议、戏曲茶座、电影放映、文艺排练以及大型群众性文体活动。

装饰及声学工程部分参建单位：
深圳瑞和建筑装饰股份有限公司

17.广州大剧院

广州大剧院（图8-17）总占地面积4.2万平方米，建筑面积7.3万平方米，建筑总高度43.1米，拥有歌剧厅、实验剧场、当代美术馆等艺术专馆和三个排练厅。广州大剧院由英籍伊拉克设计师扎哈·哈迪德设计，是在中国建成的第一个建筑作品，被称为"圆润双砾"。

广州大剧院按甲等剧院设计，定义为国内一流，国际先进。以演出大型歌剧、舞剧为主，能满足国内外各类歌剧、舞剧、音乐剧、大型歌舞、戏剧、话剧等大型舞台类演出的使用要求。观众厅呈多边形，造型采用独特的全球首创的"双手环抱"式看台设计，穹顶曲面由7000多块GRG板完整拼接而成，双曲面异形的造型、墙面与天花板浑然一体，最大限度地保证了建筑造型和声学效果，颠覆了传统建筑的定义。广州大剧院是中国音质最好的大剧院之一，中国第一座入选"世界十大剧院"的剧院作品。

装饰及声学工程部分参建单位：
中孚泰文化建筑股份有限公司

图 8-17

广州大剧院

18. 青岛凤凰之声大剧院

青岛凤凰之声大剧院（图8-18）占地面积6.3万平方米，建筑面积3.9万平方米，建筑高度66米，由歌剧厅、演艺厅、观景平台、蹦极平台和商业配套组成。为了满足各种演艺活动，其特意准备了4块升降舞台。最前方的乐池，平时可以作为乐队演出的舞台，也可以将其升起作为舞台延伸。歌剧厅设有化妆间、服装间、排练厅、背投室、钢琴室等完善设施，配套齐全，可满足古典音乐、歌舞剧、交响乐、民族乐、各大会议等大型活动的举办要求。大剧院观众厅内建筑尺寸长约35米，宽约23米，观众席可容纳1055人（池座756座，楼座299座）；舞台为一字型舞台，长约47.6米，宽约21米，高约24.6米。

大剧院运用凤凰羽毛的肌理，通过设计手法演变成室内主要设计元素。该项目整合了国内声、光、电专业顶尖咨询设计团队，打造国内一流、世界高端水平的以自然声为主的多功能性剧院。使用功能以音乐、大型舞台剧、综艺演出、歌剧为主，兼顾电影院和会议等多功能，并且在不同功能中切换。采用了世界最先进的声、光、电技术，声、光、电集成达到世界级水平，充分满足欧盟音乐节及世界主流音乐节的使用要求。

装饰及声学工程部分参建单位：
青岛德才装饰安装工程有限公司

图 8-18
青岛凤凰之声大剧院

19.重庆白市驿川剧院

白市驿是清代重庆到成都的第一个驿站,俗称旱码头,自清初湖广填四川移民潮涌来,便成为成渝古道上的重镇。商贸发达,白天人头涌动,日日赶场,故名白市驿。湖南、江西、福建、广东会馆相继建立,戏台的兴建,给川剧活动带来大好时机。除常有川剧班子来演出外,这个只有两里三分半街长的小镇,就有三个唱川剧的玩友组织,几乎可说天天不是看戏便是听戏,小镇就是一个戏窝子。

重庆白市驿川剧院(图8-19)结合戏曲特色,融入现代设计元素,打造古今融合的视觉空间。空间的划分不受规矩线条的约束,大胆使用古典元素,给整个空间带来了丰富的立体层次感及历史厚重感。优雅简洁的古窗及石材饰面、软包相互映衬,使得整个空间时尚简约、稳重大气。古窗和木质雕花的运用,既有木饰面的木纹感,又有历史厚重感,使得空间更加稳重大气。川剧院建筑外墙贴仿古砖,采用了中国传统青瓦屋顶,内部设有方形木窗,大门绘有栩栩如生的川剧人物形象,古色古香又给人以强烈的视觉冲击;内部配备的专业的舞美配置、精致的剧院装潢、专业的灯光及音响设备等,又使它充满了现代韵味。其为中国第一个乡镇川剧院,受到戏曲爱好者的高度好评。

装饰及声学工程部分参建单位:
重庆金字塔装饰有限公司

图8-19
重庆白市驿川剧院

20.中央歌剧院

中央歌剧院（图8-20）位于北京市东城区朝外东中街115号，有固定座位1110座（中型），是一家专业型的歌剧院。中央歌剧院的建筑方案采用中原国际工程设计研究院2011年政府招标中标方案，室内设计团队于2014年加入。该项目的建筑平面设计采用欧洲古典马蹄形平面和包厢形式，但建筑结构和建筑构造却是钢结构的现代技术手段。中央歌剧院使用新古典主义的风格元素，并汲取了折中主义的设计手法，借鉴了部分经典舞台美术中戏剧化造型特点来表现辉煌典雅的建筑个性及意境。

装饰及声学工程部分参建单位：
北京清尚建筑装饰工程有限公司

图8-20
中央歌剧院

21. 上海保利大剧院

上海保利大剧院（图8-21）总建筑面积达5.6万平方米，总投资约7亿元。剧院拥有一个1466座的大剧场和一个400座的小剧场，以及屋顶剧场和中国首座水景剧场。剧院具有完善的辅助设施和先进的舞台技术装备，具备接待世界各国优秀表演艺术团体的条件和能力，能满足舞剧、歌剧、话剧、交响音乐会、戏曲及综艺会演等演出使用要求，其建声效果达到建筑声学和舞台设备功能配置的国内顶级水准。

剧院的主形体是边长为100米的正方形，清水混凝土外墙外包裹了一层透明的玻璃幕墙；在这个立方体中，五根圆筒状的管道空间相互贯穿，构建出动态的室内空间，同时在外立面上切割出独特造型，构成了它标志性的形体。圆筒形空间作为建筑的重要亮点，呈现出如万花筒一般丰富多变的面貌。而这些圆筒空间也成为剧场的候场大厅和室外剧场等重要功能空间。

装饰及声学工程参建单位：

中孚泰文化建筑股份有限公司、北京清尚建筑装饰工程有限公司、中铁建设集团有限公司、深圳中航幕墙工程有限公司

图8-21
上海保利大剧院

22.武汉琴台音乐厅

武汉琴台音乐厅（图 8-22）被著名声学专家莫·米勒博士称为"世界上声学效果最好的音乐厅之一"。武汉琴台音乐厅作为琴台大剧院的姊妹建筑，是中国单体面积最大的音乐厅，投资额为 7.2 亿元。琴台音乐厅共有 6 层、37 米高，其中地下一层，地上 5 层，由交响乐厅（约 1609 座）、室内乐厅（约 428 座）、多个艺术展示厅、排练厅，以及车库、公共服务空间、交通辅助用房等组成，总建筑面积约 3.6 万平方米。

武汉琴台音乐厅容纳观众最多，达 1800 名；设备最先进，档次最高，不用音响，演员的声音也能清晰地传到每一位观众耳中；舞台最先进，能旋转、倾斜、翻滚、升降和平移，可演出国内外各类歌剧、舞剧、音乐剧、大型歌舞、戏剧、话剧等；地下室最深，从最底层到地面，有 19.4 米；用钢 1 万吨，一半以上用在大门口两侧的四根"琴弦"上，大门左侧的一根最长，跨度达 106 米。墙面多采用厚实的做法，表面形成微扩散机理，而后墙与侧墙的可调吸声体则达到了三百平方米，开孔率在 55% 以上，充分考虑了吸声与扩散的最佳效果，以及所需的标准和要求。

装饰及声学工程部分参建单位：
中孚泰文化建筑股份有限公司、深圳洪涛集团股份有限公司

图 8-22
武汉琴台音乐厅

23. 成都城市音乐厅

成都城市音乐厅（图8-23）是我国第四代观演建筑的代表，我国西部地区最大的城市音乐厅。项目用地总面积约35亩，总投资22亿元，由1600座歌剧厅、1400座音乐厅、400座戏剧厅以及300座小型室内音乐厅等部分组成。项目整体以"世界一流、时代之巅、回归经典、返璞归真"为设计思路，展现出天府竹、太阳神鸟、九寨蓝等多种四川和成都的特色文化元素。是成都向世界展示音乐之都魅力的一张全新文化名片。

成都城市音乐厅的声学设计与装饰施工亮点有：第一，舞台和池座墙面的扩散体设计将音乐厅内的混响时间控制在1.9秒至2.1秒的标准范围内；第二，楼座两侧墙体向内倾斜，有利声音反射至观众席区域，提供丰富侧向反射声，带来良好空间感和环绕感；第三，冰芙蓉反射板完美结合艺术与声效，改善乐师间相互听闻，为观众席各区域提供丰富早期反射声，增强厅堂的声场均匀度、强度以及音乐明晰度。

装饰及声学工程部分参建单位：
中孚泰文化建筑股份有限公司

图 8-23
成都城市音乐厅

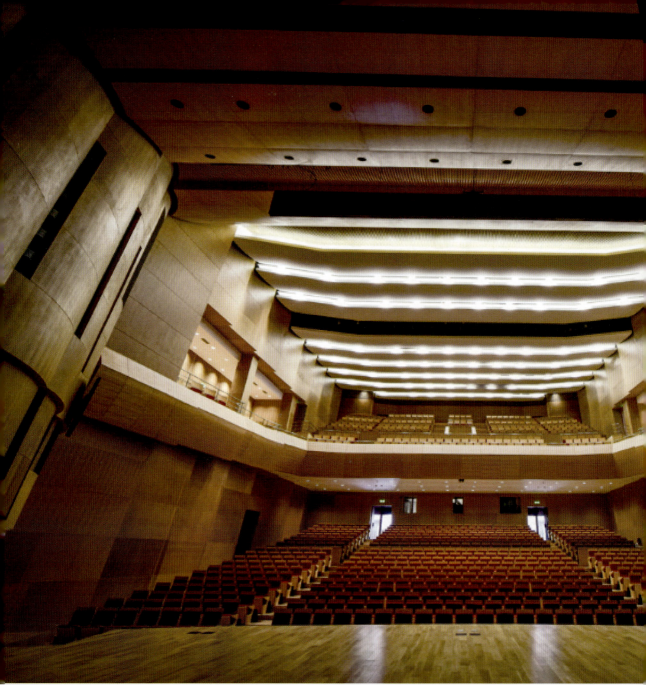

24. 国家图书馆音乐厅（简称"国图音乐厅"）

国图音乐厅（图8-24）的观众席分上下两层，共1153个座位，室内装饰及建筑声学的相关标段及造价1600万元。国图音乐厅改造后设观众席1030座，功能定位以专业音乐厅为主，保证音乐厅的档次和音质。

音乐厅舞台布置了反声罩；音乐厅池座观众的初始时间延迟间隔控制在了20～30毫秒之间。在侧墙反射声设计上，侧墙增加了宽度为2.7米左右的折板单元，同时向下倾斜3～5度，这样，既打破了观众厅两侧平行面，防止了颤动回声，同时形成凸凹造型，可以对200赫兹以上的声音起到扩散作用。包厢拦板设置向下倾斜角度在25～30度，并将倾斜的平面改为半径2米左右的弧形面。音乐厅改造前的空场混响时间约为1.55秒。音乐厅改造竣工测试，空场混响时间为1.71秒。

装饰及声学工程部分参建单位：
北京清尚建筑装饰工程有限公司

图 8-24
国家图书馆音乐厅

25. 青岛即墨音乐厅

青岛即墨音乐厅（图8-25）位于青岛市即墨区市民文化中心1#楼，音乐厅地上3层，地上建筑面积11145.65平方米。总投资约5000万元，拥有600个座椅，其中还包括排练厅、表演厅、专业录音棚、练习室等。这个新的音乐厅将为青岛最重要的交响乐团提供演出场所。

在设计上，这座音乐厅被设计成为一座大隐于市的文化殿堂，充分尊重建筑设计，并在建筑的基础上同时满足声学和装饰效果。音乐厅的门厅采用了古典的设计手法，经典、庄重，让人在进入音乐厅的那一刻，就被带入了另一个时空；音乐厅主厅采用变形鞋盒型设计，融入即墨当地文化元素，挑战了传统音乐厅作为西方古典音乐表演的固定空间形态，希望营造出一个关于人、自然和音乐相遇的地方。

所有设计都是经过声学严格计算，力求装饰和声学的完美配合，用色沉稳大气，让人一进入音乐厅就有做好欣赏演出的心理准备。

装饰及声学工程部分参建单位：
青岛德才装饰安装工程有限公司

图 8-25
青岛即墨音乐厅

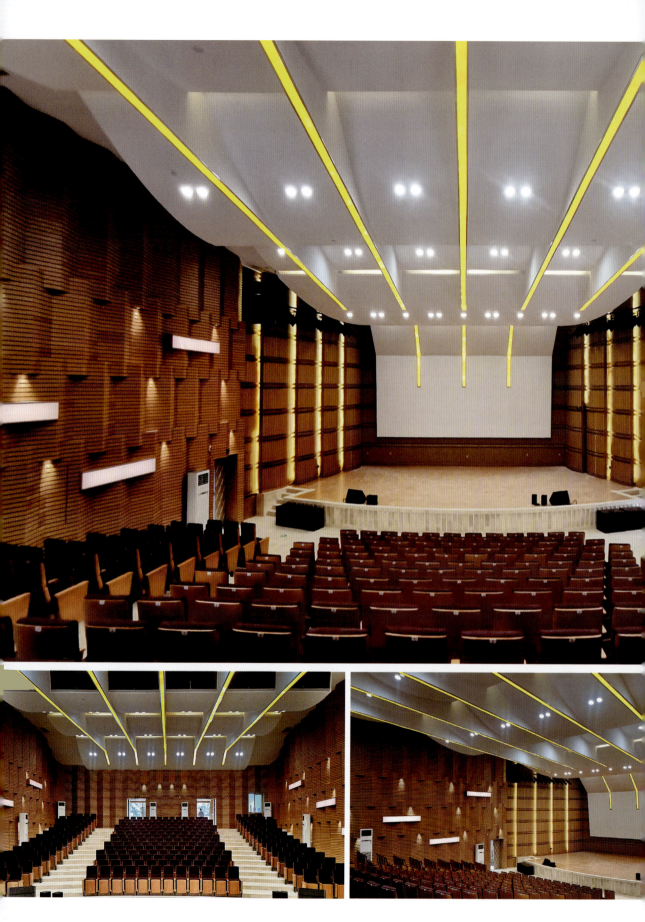

26.长江师范学院专业音乐厅

长江师范学院专业音乐厅（图8-26）是一个400座规模的小型音乐厅，设计将一个阶梯教室改造成自然声为主的专业音乐厅，设计的难点在于原来的阶梯教室各种客观条件均无法满足专业音乐厅的专业需求，而设计限价又低，从设计到竣工投入使用整整花了三年的时间。不过最终设计方与声学顾问紧密合作，克服种种困难，圆满完成项目。

墙壁连绵起伏的形态宛如流动的溪水展现了自然之美的同时，墙壁上的板材根据空间布局进行声学优化，这种独特的几何结构形成的不规则表面有助于声音扩散和减少回声。

天花板材料起伏的造型代表着浪花形态，这样设计打破了音乐厅的沉闷、刻板印象，给空间带来了新的活力。墙壁和天花板除了具有扩音特性外还能调整高低音频。天棚黄色狭长的灯带巧妙运用，在视觉上得到了一定的延伸效果，给人一种干净而又温馨的整体感觉。

装饰及声学工程部分参建单位：
重庆金字塔装饰有限公司

图8-26
长江师范学院专业音乐厅

27.西安音乐学院民族音乐厅

西安音乐学院民族音乐厅（图8-27）是一座现代化的、专为演奏音乐而设计建造的专业音乐厅，其建筑造型优雅独特，外墙采用"黄红青白黑"五色，蕴含象征中国传统五行的理念，充分融汇出东西方的文化韵味。其是国内高校最先进的纯音乐厅之一。西安音乐学院音乐厅由演奏大厅、小剧场和其他附属设施组成。演奏大厅是目前国内高校规模较大的演奏大厅，呈峡谷梯田式，总面积1500多平方米，有1200多个座位。徜徉其中，会感受到艺术的气息，获得精神上的愉悦。

装饰及声学工程部分参建单位：
中孚泰文化建筑股份有限公司

图 8-27
西安音乐学院民族音乐厅

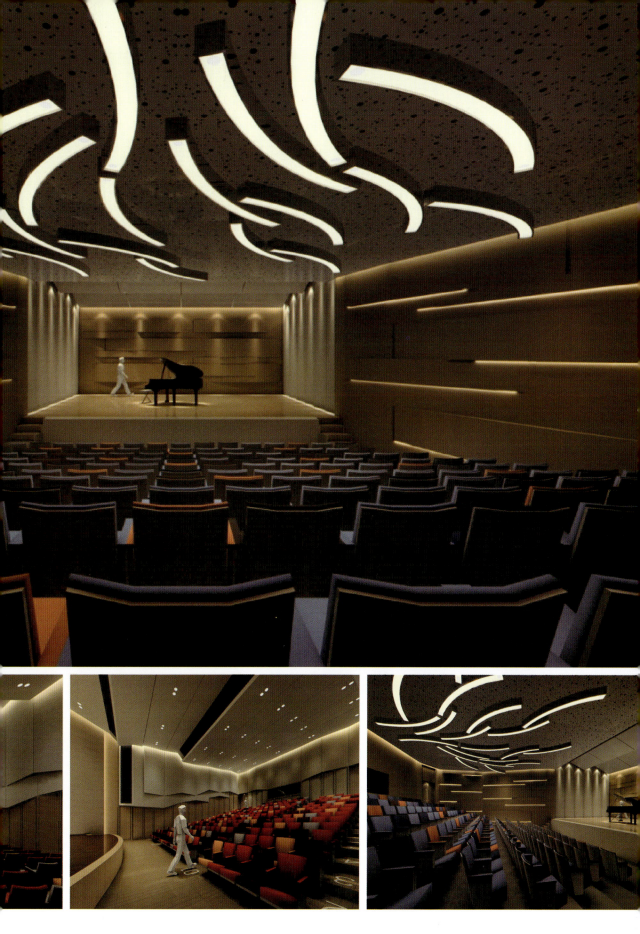

28.北京天桥艺术中心

北京天桥艺术中心（图8-28）总建筑面积约7.5万平方米，拥有大小及功能各不相同的四个剧场，包括一个1600座的综合性大型剧场，一个1000座的中型剧场，一个400座的小型剧场和一个300座的多功能剧场。

为了最大限度地拉进观众与演员的距离，使观众更好地融入演出氛围，天桥艺术中心的大剧场去掉了假台口的设置，这样的布局方式在国内剧场中尚属首次，即便是坐在第二层看台最后一排的观众，距离舞台表演区也不超过35米，也会拥有极佳的观演体验。天桥艺术中心引进了先进的电子可调混响设备，这也是该设备在中国专业剧院的首例应用。电子可调混响可以针对音乐剧、交响乐、戏剧、歌剧等不同表演形式对混响的不同需求，做出异差化的调整，从而令听觉效果达到最佳，避免了传统剧场一套标准应对不同演出的方式。

装饰及声学工程部分参建单位：
中孚泰文化建筑股份有限公司、中国建筑设计研究院有限公司

图8-28
北京天桥艺术中心

29.长沙梅溪湖国际文化艺术中心

长沙梅溪湖国际文化艺术中心(图8-29)总投资28亿元,总用地面积10万平方米,总建筑面积12万平方米,包括4.8万平方米的大剧院和4.5万平方米的艺术馆两大主体功能。大剧院由1800座的主演出厅和500座的多功能小剧场组成;艺术馆由9个展厅组成,展厅面积达1万平方米,能承接世界一流的大型歌剧、舞剧、交响乐等高雅艺术表演。将是湖南省规模最大、功能最全、全国领先、国际一流的国际文化艺术中心,填补长沙市和湖南省高端文化艺术平台的空白。

为解决剧院内复杂的形体设计给内部声学设计、声学装饰带来的挑战,声学所工程师使用三维声线分析手段对大剧院观众厅各主要反射面进行立体声线分析。对于疑似出现声聚焦的区域,通过巧妙的曲面调整、灯带凹槽深度变化调整,改善了厅堂表面的声学扩散性,把所有可能产生音质缺陷的表面都进行修改完善。

装饰及声学工程部分参建单位:

深圳洪涛集团股份有限公司、中孚泰文化建筑股份有限公司

图8-29
长沙梅溪湖国际文化艺术中心

30. 昆山文化艺术中心（一期工程）

昆山文化艺术中心一期（图8-30）建筑总面积71255.8平方米，由中国建筑设计研究所国内著名建筑大师崔恺担纲设计，地上4层、底下3层，整个建筑选取昆曲和并蒂莲作为母体，沿水体曲线布置具有水乡的"神韵"。整体建筑包含大剧院和会议中心、影视中心、配套车库，是集文化交流、会议、展览、休闲、娱乐等多功能为一体的综合性文化建筑。从南到北沿地内水系依次布置大剧院、影视中心、文化艺术中心与展示中心共3座建筑，其中大剧院为整个文化艺术中心的主体。3座建筑在地上通过一系列自由伸展的曲线廊桥相连形成有机整体，在地下通过汽车库相互连接，共投资10亿元。

为了保证剧院特需的声学效果，项目特意采用高密度板。同时，为了进一步保证吸音效果，木质吸音板也不贴衬板。在材料选用上，工程天花板和墙面用材全部采用洪涛集团生产的GRG板材，此材料强度高、质量轻、成型容易、不变形、防腐防火且声学性能好。

装饰及声学工程部分参建单位：

苏州苏明装饰股份有限公司、苏州金螳螂建筑装饰股份有限公司、深圳洪涛集团股份有限公司

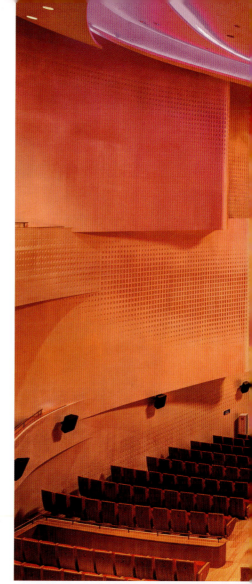

图8-30
昆山文化艺术中心（一期工程）

31. 苏州科技文化艺术中心

苏州科技文化艺术中心（图8-31）占地面积13.8万平方米，建筑面积近15万平方米，总投资18.9亿元人民币。中心由演艺中心、影视中心、商业中心及文化馆等组成，包括1座1200个座位的国际标准"品"字形舞台的歌剧院级大剧院，1座近500个观赏座位的演艺厅，7间各具特色的豪华影厅和1间IMAX巨幅全景影厅及2.5万平方米的商业空间，堪称国内规模最大的综合性文化艺术中心。

艺术中心的影视中心是中国"金鸡奖"永久评奖基地，影视中心是苏州唯一的挂牌国家级五星影院。艺术中心的原创建筑设计为法国大师保罗·安德鲁，艺术中心曾获新中国成立60周年百项经典工程殊荣；荣获中国建筑业最高奖项——"中国建设工程鲁班奖"。

装饰及声学工程部分参建单位：

深圳海外装饰工程有限公司、深圳洪涛集团股份有限公司、苏州金螳螂建筑装饰股份有限公司

图 8-31
苏州科技文化艺术中心

32. 天津市武清区影剧院

武清影剧院（图8-32）建筑面积达4万多平方米，武清影剧院大剧场固定座位共1345座，观众席共两层，一层池座910个座位、二层楼座435个座位，还可增加活动座椅86座，座位数总计1431座；武清影剧院影城拥有8个全数字放映厅，共1252个座位，其中，VIP影厅配备了13张可调角度的真皮航空座椅及独立的会客室、洗手间，为顾客提供高端的观影感受；影城2号厅为天津地区第二个"杜比全景声"影厅，该影厅安装了58只高保真音箱及多个低音单元，配以杜比实验室原装CP850音频解码器，及18米宽银幕，可以为观众带来身临其境的听觉感受及视觉冲击。

装饰及声学工程部分参建单位：
北京港源建筑装饰工程有限公司

图 8-32
天津市武清区影剧院

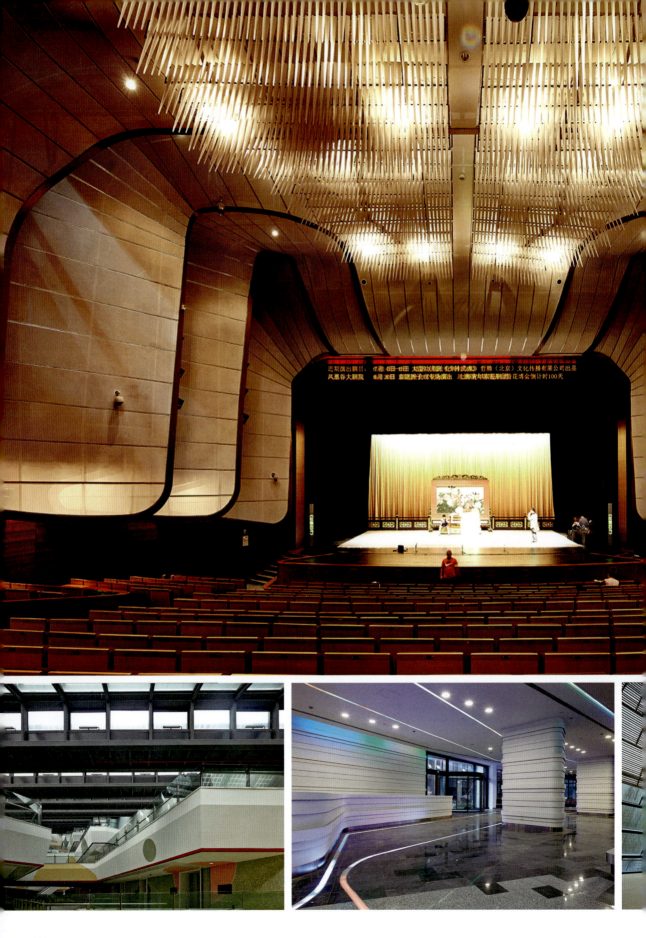

33. 凤凰谷（武进影艺宫）

凤凰谷（武进影艺宫）（图8-33）项目位于江苏省常州市武进区核心区位，为住房和城乡建设部三星级绿色建筑项目，造型若展翅欲飞的凤凰。室内由中心剧场、青少年宫、展览馆三部分组成，具有演出、会议、影视放映、青少年艺术培训、行政办公、展览等多项功能。其中，中心剧场（A区）和青少年宫（B区）为一个建筑体量，最大建筑高度44.46米（室外地坪至主楼屋面面层），最大建筑层数为9层；展览馆（C区）为一个独立的建筑体量，最大建筑高度为29.7米，建筑层数为6层。工程总投资约46970万元。

这座新锐标志性建筑仅在外形上就极富特色。斑斓的晶体造型、奇特的钢结构、绿意的种植屋面、夜间的灯光效果等，这些元素融合在一起，构成了"凤凰"七彩斑斓的双翼。石材、不锈钢、植被等，这些原本极具冲突的材料"混搭"在一起，却产生了出乎意料的和谐效果。如同常州市武进的传统工艺"乱针绣"，用错落的色彩及材料表达出无限的想象力与创造力。

装饰及声学工程部分参建单位：

苏州金螳螂建筑装饰股份有限公司、常州华艺建设工程有限公司

图 8-33
凤凰谷（武进影艺宫）

34.福州海峡文化艺术中心

福州海峡文化艺术中心（图8-34）总建筑面积约15万平方米，建筑形态突出福州市市花茉莉花的元素，整个建筑群造型酷似一朵洁白的茉莉花。作为福州重大文化产业项目，素有福州版"悉尼歌剧院"的美誉，还是住房和城乡建设部绿色建筑示范项目，也是福建省首个正式落地的PPP项目。

福州海峡文化艺术中心歌剧院建筑面积约32000平方米，其中舞台区域2300平方米，观众厅区域850平方米，共计1613座，观众厅施工主要材料为GRG，合计约3200平方米，GRG所有立面都覆盖着高品质的艺术陶瓷片，共计约150万片独立陶瓷花瓣。造型曲线展廊立面展开面积5500平方米，采用竹制方通安装覆盖，共计使用超过35000米方通。

在歌剧院项目的建设中，观众厅区域的GRG装配式造型墙面可谓是个大难题。由于GRG表面后期需粘贴艺术陶瓷片，为保证陶瓷片安装牢固性，不允许在GRG表面使用石膏腻子对GRG表皮进行平顺找补。因此，所有加工生产和施工安装都必须保证高精度作业，加强了GRG生产管理和安装定位精度控制，每一寸细节都力保精细，确保了整个造型的完整性。

装饰及声学工程部分参建单位：
中孚泰文化建筑股份有限公司

图8-34 福州海峡文化艺术中心

图 8-35
青岛东方影都秀场

35. 青岛东方影都秀场

区别于传统的镜框式台口，青岛东方影都秀场（图8-35）的"观"与"演"的空间界线不再泾渭分明。舞台机械与特设更加炫目，营造出声色俱佳的沉浸感。

秀场建筑平面接近正圆形，观众厅居中，其他公共空间、附属空间、演职员后区空间紧密环绕观众厅。建筑外部形态为三维曲面幕墙，犹如优美的海螺，展现了海洋文化，室内设计隐喻海洋及海洋生物形态，四层通高的前厅的外表皮形态宛如巨大的"金螺"。

经过幽暗声闸进入观众厅内，一个圆形的"水舞台"剧场映入眼帘，舞台与观众席亲密共融。秀场室内设计中尝试通过全方位的感官体验带动观众的情绪。前厅的背景音乐会产生潮汐的海浪声，听觉的元素利用与视觉的通感构建出海浪的画面感。二层金色贝壳般的GRG外墙面有凹凸感。视觉、听觉、触觉甚至嗅觉等感官体验的叠加和互动更加丰富建构了这一海洋神话意蕴的空间。

装饰及声学工程部分参建单位：
北京筑邦建筑装饰工程有限公司

二、大会堂、会议中心类

1. 大连国际会议中心

大连国际会议中心（图8-36）占地4.3公顷，总建筑面积14.68万平方米，高59米。分为地下一层，地上四层，划分为大厅、综合服务区、大剧院和会议厅、多种小型会议室等功能区。大连国际会议中心的建筑内外墙及屋面采用了双层幕墙结构，室外面层为穿孔金属板幕墙，室内面层为玻璃幕或金属板。

大连国际会议中的主体结构主要为钢结构体，包括核心区域中心剧场，整个结构完全由几万吨钢材组装而成，池座、楼座、高空天棚等都是钢结构，剧场内部装修在剧院建筑中是非常另类的，整个剧场墙面为进口阳极氧化A5系穿孔铝板，铝板后面配备吸音幕帘及弧形声学隔墙，在幕帘前面安装音响设备达到环绕音响效果。剧场分为三层楼座，这在中国剧院建筑中也是仅有的例子，三层楼座拦河是由三层石膏板面层完成的三维曲面造型，在面层上安装了4000个GRG扩散体达到漫反声效果。

装饰及声学工程部分参建单位：

浙江亚厦装饰股份有限公司、中孚泰文化建筑股份有限公司、深圳南利装饰集团股份公司、上海中建八局装饰有限责任公司、中建一局集团装饰工程有限公司

图8-36
大连国际会议中心

2. 南京国际青年文化中心

南京国际青年文化中心（图8-37）总建筑面积约为49万平方米，地上总建筑面积36.7万平方米，地下总建筑面积11.4万平方米，总投资约40亿元。大剧院包括一个1917座大剧场，一个441座的音乐厅，以及中小会议室、贵宾室、演员化妆室、员工办公室、设备机房等相关配套设施，以及其他公共后勤服务设施，可以面向市场接待各类型的大中型演出。

通体的流动曲线，镂空的立面设计，别致的造型宛若一艘即将起航的"帆船"，南京青奥会议中心用前卫而灵动的建筑造型为古都南京注入了现代感和科技感。项目结构均采用了钢骨架，且层高有六七米，吊顶装饰造型异常复杂。项目运用了新工艺、新材料进行施工。中心五楼西餐厅的吊顶全部采用了曲面的GRG板，然而这种面板有易开裂的缺点，施工难度巨大。此外，项目部在各个会议室还大量采用了新材料——纹理贴膜。

装饰及声学工程部分参建单位：

中孚泰文化建筑股份有限公司、浙江亚厦装饰股份有限公司

图8-37
南京国际青年文化中心

3. 太湖国际会议中心

太湖国际会议中心（图8-38）工程总建筑面积65783平方米，总投资7.8亿元。其拥有大型会场4个，主会场太湖厅可承接容纳3000人的会议以及1500人的用餐；还配备可容纳10～300人的大小会议室14个；贵宾休息室10个；用餐的包厢15个，其中最大的包厢可容纳50人用餐。

会议中心主要由中央会址、西部接待区、东部景观区、南部喷泉市民广场组成。整体建筑风格重点体现古典中式，主体采用"姑苏台"这一立意，高高耸立，层层推进，庄重而气度不凡；西部接待区是地下一层，地上二层的坡顶院落式建筑，结合水面散落于建筑的西侧；东部的景观区，以水体和堆山为主，苏州园林的亭台楼阁，廊桥花草点缀其间，景观区和太湖山水相连，山、水、建筑浑然一体；南部喷泉广场立于太湖水面，动感曼妙的喷泉配上柔美的音乐，将现代与古典完美结合在一起。

装饰及声学工程部分参建单位：

苏州金螳螂建筑装饰股份有限公司、苏州柯利达建筑装饰工程有限公司

图 8-38
太湖国际会议中心

4. 北京雁栖湖国际会都（核心岛）会议中心、精品酒店

北京燕栖湖国际会都（核心岛）占地面积约63.64万平方米，总建筑面积18万平方米，主要建筑包括会议中心、精品酒店、景观塔、展示馆、12栋贵宾别墅等16座单体建筑（图8-39）。

会议中心总建筑面积为4.2万平方米，大小会议室、餐厅20余间，可以同时满足近千人举行会议和用餐。会议中心建筑内部以H型为布局，功能核心区由位于一层的宴会厅——"鸿雁厅"和位于二层的会议大厅——"集贤厅"组成，两侧为贵宾大厅、休息区、大小会议室、包间等功能空间，宴会厅南侧设室外宴会草坪，可以举办室外酒会等活动。

雁栖酒店为码头院落式酒店。定位为体验自然生态特色、兼具会议及度假休闲功能。雁栖酒店与一个小型码头相连，其建筑设计也体现了传统中国韵味。酒店三合院的形态朝向湖面展开，以体现其与自然的密切关系，也体现了传统中国韵味。

装饰及声学工程部分参建单位：
浙江亚厦装饰股份有限公司、湖南新宇装饰设计工程有限公司

图8-39
北京雁栖湖国际会都（核心岛）会议中心、精品酒店

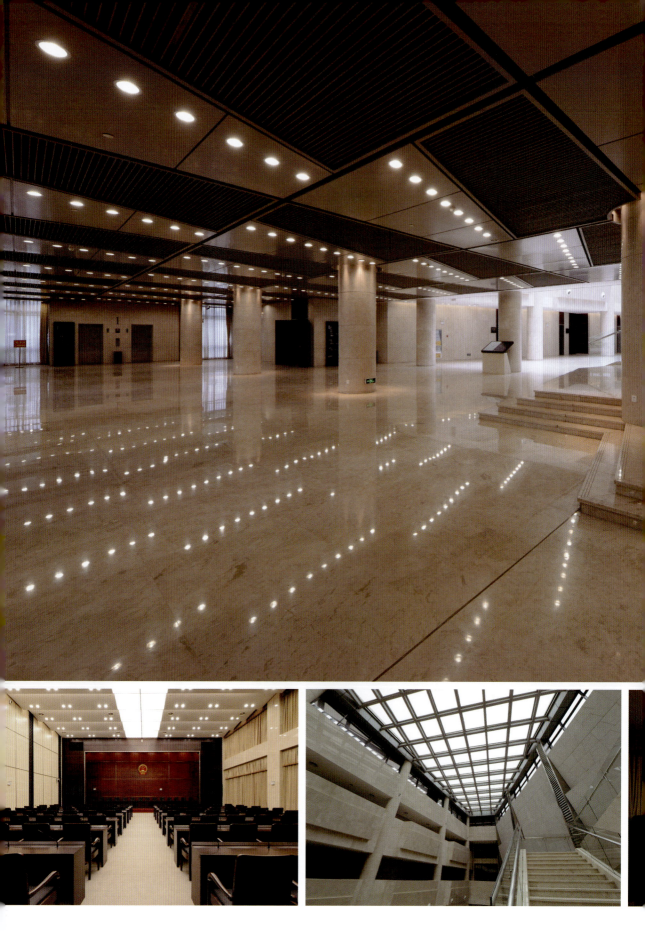

5. 湖南省人民会堂

湖南省人民会堂（图8-40），场地西面平整，东南面为省政府办公大楼，以现代风格为基调。东面为保留的一座原始绿树山体。人工水系环绕山脚，所在区域环境宜人，交通便利。总用地面积6.6333公顷，总建筑面积27000平方米；会堂设计分会堂区和附属办公区，地下一层，地上四层，建筑总高度34.46米。观众厅设座位1840席，主台设座位200席。

湖南省人民会堂建筑造型以"等腰梯形"几何元素为设计母题，通过简洁、清晰的体块组合，干净利落，体现出建筑的鲜明个性。坚实的体量，棱角分明的线条，体现了建筑的硬朗与挺拔。材质的虚实对比，稳重的比例尺度，突显建筑的质朴与厚重，给人以雄伟庄严、气派豪迈之感。从中国传统建筑中提炼出细部元素，柱廊、枋、基座、檐口在方案设计中成为了现代的建筑语言。

装饰及声学工程部分参建单位：

湖南建工集团装饰工程有限公司、湖南华天装饰有限公司、深圳市博大建设集团有限公司

图 8-40
湖南省人民会堂

6. 云南海埂会议服务中心

云南海埂会议服务中心（原云南财政疗养院）（图8-41）位于昆明滇池国家旅游度假区内，占地75亩，建筑面积2万余平方米，有庭院式建筑物24座，各种档次的客房165间，400余个床位，各种规格的会议厅（室）30个，院内还设有国标标准的室内网球场、温泉游泳池、健身房、台球室、舞厅、KTV包厢等体育和文化娱乐场所；有独具风格的供宾客垂钓娱乐的内湖鱼池水面共8.5亩及各种钓具；还有供宾客使用的各种车辆、车库、停车场等。

海埂会议服务中心商务别墅型酒店（五星级精装修）的建筑面积约2.21万平方米，设国宾主楼1栋，部长级接待楼1栋，220人宴会厅1间，230人会议厅1间，游泳馆1个，单层地下停车场1个，总投资3.13亿元。

承建单位：

深圳市宝鹰建设集团股份有限公司、深圳市安星建设集团有限公司、深圳市奇信建设集团股份有限公司、深圳广田集团股份有限公司

图 8-41
云南海埂会议服务中心

7. 杭州国际会议中心

杭州国际会议中心（图8-42）占地面积47810平方米，总建筑面积126296平方米，共计19层，高度及直径为85米。其中地上总建筑面积74209平方米，地下总建筑面积52087平方米。建筑的地下停车位共计445个，裙房一层2000平方米，厅房共计1000座，球体主楼共计400余间客房。

杭州国际会议中心采用空间双向C形全钢框架体系，其中主楼为钢框架支承结构特体系，由沿圆周和径向分布的框架及竖向支承通过楼面梁及楼面板组成竖向承重系统和抗侧力系统，二裙房叠合椭球顶壳采用大跨度空间管桁架结构体系。杭州国际会议中心主楼裙房桁架一段于主楼之间通过主楼框架柱上的牛腿连接，主楼每根框架柱承受裙房相应每榀桁架传递的水平荷载、竖向荷载以及由竖向荷载产生的弯矩；裙房桁架另一端通过节点与裙房柱或支座连接。

装饰及声学工程部分参建单位：

浙江中南建设集团有限公司、浙江福田建筑装饰工程有限公司、苏州金螳螂建筑装饰股份有限公司、浙江亚厦装饰股份有限公司、浙江银建装饰工程有限公司

图 8-42
杭州国际会议中心

8. 青岛国际会议中心

青岛国际会议中心（图8-43）是一座集会议、餐饮、展览及旅游参观为一体的综合会议场馆。项目总用地面积31136平方米，总建筑面积54302平方米，地下一层、地上两层、局部三层，总平均高度高23.99米。场馆拥有20余间大小各异的会议室，会议面积达8000余平方米。其中，最大无柱宴会厅尚和厅1650平方米，厅高8米，最多可容纳1400人，厅外配以观海长廊，是观看奥帆中心海景和浮山湾灯光秀的最佳位置。会议中心还配备三面环海的海上宴会厅，使用面积为1200平方米，拥有600平方米宽广序厅与2间豪华VIP休息室；深入海湾中心，水天一色气派典雅，尽享奢华。

大范围会议室（泰山厅）的吊顶设计采用长达25米的白铜椽子装饰。吊顶中央的"久合叠玉"工艺吊灯，长宽各11米，高1.6米，重达6吨。该项目使用的金属铜、不锈钢、铝板、吸声硬包、石材等定制饰面材料共计56000平方米，305樘门，其中包括86樘超高4.6米、平均宽度1米、重达300公斤的巨型门板。

装饰及声学工程部分参建单位：

中建安装集团有限公司、青建集团股份公司、中建八局装饰工程有限公司、苏州金螳螂建筑装饰股份有限公司、浙江亚厦装饰股份有限公司

图 8-43
青岛国际会议中心

图 8-44
陈嘉庚纪念堂

9. 华侨大学陈嘉庚纪念堂维修改造工程

陈嘉庚纪念堂（图8-44）是华侨大学标志性建筑，为四层观演建筑，主体结构为钢筋混凝土框架，外观采用闽南花岗岩石材装饰，整体造型典雅大方，细部构造精美，既体现了时代特色，又具有相当强烈的地方风格。纪念堂占地面积12000平方米，建筑面积7436平方米。大礼堂跨度36米，两层的观众座位共3030个；楼高四层，内设有展览室、电化教学中心、科学厅和贵宾接待室等。

华侨大学陈嘉庚纪念堂维修改造二期项目改造的主要范围包括舞台、观众厅和屋面，总面积超过5000平方米，涉及结构加固、建筑声学装修、电气、给排水、暖通（含空调通风及防排烟系统）、消防、舞台灯光、舞台及观众厅音响、舞台机械等多个专业，并根据消防审查要求对观众厅座椅进行更新布局。

项目实施后，完善了陈嘉庚纪念堂的内部设施配套，消除结构和消防安全隐患，满足现代观演空间的使用要求。

装饰及声学工程部分参建单位：
中孚泰文化建筑股份有限公司

三、广播电视演播厅类

1. 山东广播电视中心综合业务楼

大楼用地被青年东路分为东、西两区,分别为东院经营中心(大堂、交流中心、媒体展示、咖啡休闲、媒体制作、工作室、广告办公、广电博物馆、活动用房等)和西院广电中心综合业务楼(广播电台用房、会议中心、广电局机关办公、有线中心、视网联、电视播出、编辑技术中心、小演播区、新闻中心等)。西院综合业务楼地上三十一层,地下四层,楼高120米,建筑面积约10.6万平方米;东院经营中心总建筑面积约3.8万平方米,建筑主体高度35米,最高点43.8米,地下三层为库房、设备机房;地下二层为设备用房、车库;地下一层为多媒体制作用房、库房、自行车库;一层为大堂、多媒体业务用房等。二至八层为开敞办公、办公及展示、电子查询、视听室等(图8-45)。

装饰及声学工程部分参建单位:
中建八局第二建设有限公司装饰分公司、深圳市奇信建设集团股份有限公司

图 8-45
山东广播电视中心综合业务楼

图 8-46
天津数字电视大厦

2. 天津数字电视大厦

天津数字电视大厦（图8-46）项目总投资为15亿元。项目主要建设内容包括数字电视大厦、演播中心、综服中心、转播中心、奥运新闻中心和多功能剧场以及所需配套建设的全部公建。大厦地上建筑面积约15.07万平方米，地下建筑面积约7.2万平方米，建筑高度为158米（地上27层，地下2层）。大厦设计能力为自办30套节目。

整栋大厦外墙通体运用了米黄色盒式蜂窝板，一排排玻璃窗格整齐地镶嵌其间，塑造出通透、淡雅的建筑风格。大厦多功能剧场前厅用"五线谱"造型，构建出了充满音乐氛围的空间维度。墙面上线性凹槽与整个外立面横向均匀的石材分割线共同作用，呈现出丰富而独特的立面肌理效果。为了营造柔和的空间光效，前厅并没有主光源设计，而是通过铝板木饰面装饰凹槽内的金卤灯提供亮度，地面又搭配了由弧形建筑墙体呈放射状的咖色石材来增加亮度。

项目的1～3层采用了铝板吊顶快速安拆技术。通过特制的吊杆和龙骨，配合模块化的成品铝板和配套的连接件或螺栓，使铝板吊顶的安装过程更为简便。在加快进度的同时，还能在一定程度上降低噪声。而且，这项技术还能便于铝板尺寸的选择和吊顶平整度的调节，有利于板缝的控制和吊顶内管道设备的维修、保养，从而节约材料提高吊顶的安全性。

装饰及声学工程部分参建单位：

浙江亚厦装饰股份有限公司、天津市建设装饰工程有限公司

四、酒店类

1. 东莞迎宾馆

东莞作为中国沿海经济发展的前沿阵地，每年需接待大批参观考察的国家、省、市领导人和国外来宾，东莞迎宾馆（图8-47）一期正是要求建设成为这样一个能够充分展示东莞城市魅力的高规格接待宾馆。东莞迎宾馆一期在总体布局上分为第一部分的贵宾接待区（八栋别墅建筑）、第二部分的综合接待楼和康乐楼、第三部分的指挥楼、武警后勤服务楼等，建筑物各自相对独立，兼具会议、商务酒店、体育、娱乐、休闲等功能。

该项目定位为政府举办高规格外事活动及小型会议的幽静场所，建成后将成为东莞市接待国内外贵宾的最高等级标志性接待酒店。项目位于南城山清水秀的市植物园南端，西临水濂湖及沿湖路。东莞迎宾馆一期工程用地面积约为250000平方米，总建筑面积约为41316平方米，一期工程投资规模为4.823亿元，一期室内装饰工程总投资为1亿元。

装饰及声学工程部分参建单位：
中孚泰文化建筑股份有限公司

图 8-47
东莞迎宾馆

图 8-48
武汉东湖宾馆

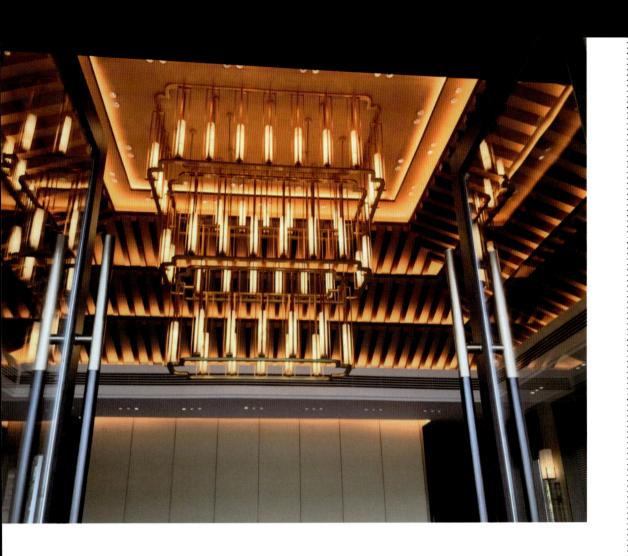

2. 武汉东湖宾馆

武汉东湖宾馆（图8-48）坐落于风景秀丽的东湖之滨，庭院面积0.83平方公里，东院与东湖公园相邻，西院与珞珈山、磨山隔岸相望。武汉东湖宾馆为湖北省委接待所用，水榭为东湖宾馆临东湖的亲水平台，水榭所处位置极佳，风景秀丽，水榭具备接待功能如：会谈、用餐、休闲等。

宾馆接待区域由百花苑、南山甲所、南山新村、百花村、梅岭、听涛区等区域构成，各区域风格各异，独具特色，拥有现代水准的总统套房、豪华套房、高级双套、单套、豪华单间、普通单间、湖景标间、高级标间等各类客房共计368间（套）。酒店拥有大小各类会议室，为不同规模的会议提供合适的场所，会议室设施设备先进、齐全。最大梅岭礼堂现已改造一新，可同时容纳1000余人参会。

装饰及声学工程部分参建单位：
中孚泰文化建筑股份有限公司

3. 武汉迎宾馆

武汉迎宾馆（图8-49）是武汉市委、市政府接待使用的五星级宾馆。占地面积约为4.66万平方米，风格融现代庭院和近百年历史西洋建筑为一体，环境清幽雅静，被誉为"闹市中的绿洲"，曾多次接待过毛泽东、周恩来等党和国家领导人、外国国家元首和政府首脑，历史悠久。

武汉迎宾馆整个建筑由地上和地下两部分组成，地下两层主要是车库，地上会议中心为三层，主要有门厅、大会议厅、各种中小会议室、大宴会厅、各种中小包房及休息室等辅助配套设施；接待宾馆由各种套房、礼品店、商务中心等组成。

装饰及声学工程部分参建单位：
中孚泰文化建筑股份有限公司

图8-49
武汉迎宾馆

五、教育空间类

1. 深圳市第十一高级中学

深圳市第十一高级中学（图8-50），又名人大附中深圳学校高中部，由体育馆、学术报告厅、艺术楼、教师宿舍、教学楼、食堂、图书馆、学生宿舍、垃圾房、学生活动中心、学生看台、主席台及室外工程组成。项目位于深圳市大鹏新区葵涌办事处溪涌社区洞背片区，西侧为溪坪路。学校定位为生态型寄宿制高级中学，总投资3.12亿元。

学校为1所60个班/3000学位全寄宿制普通高级中学。项目总用地面积100028.02平方米，总建筑面积约95229.17平方米，包括体育馆5230.6平方米、学术报告厅艺术楼10349.19平方米、食堂图书馆9774.67平方米、教师宿舍3483平方米、学生宿舍27455.34平方米，学生活动中心740平方米，辅助用房面积3128平方米；地下室9691平方米，室外配套工程等。

装饰及声学工程部分参建单位：
中孚泰文化建筑股份有限公司

图8-50
深圳市第十一高级中学

2. 广西大学"汇学堂"

广西大学"汇学堂"（图8-51）是广西大学校园文化建设成果的重要展示平台，项目总投资超2亿元，建筑总面积达1.9万平方米，拥有地下一层地上四层的整体建筑结构，由1721座的大剧场和366座的多功能音乐厅及两组排练厅教育用房等部分组成。

大剧场内，墙面采用定制GRG材料，并融入"龙脊梯田""喀斯特地貌"的独特元素，构造出波浪起伏的线条造型，将广西的地貌风情通过意象化的形式呈现，韵味十足。律动感十足的墙面扩散体也进一步地保证了剧场内一流的声学效果，工艺美与艺术美和谐相融，尽显相得益彰之美。项目将现场的声音条件很好地控制在1.4±0.1秒的混响时间标准范围内，完美达到了一流剧院才有的专业演出要求。

广西拥有非常浓郁的民族风情，在广西大学"汇学堂"的建设中自然也少不了这些独特民族元素的体现。入口处柱子喀斯特地貌钟乳石状的设计，让整个大厅变得熠熠生辉。高10米、单扇重量达400公斤的仿铜大门上更是嵌上广西特有的壮锦回形纹元素。

装饰及声学工程部分参建单位：
中孚泰文化建筑股份有限公司

图 8-51
广西大学"汇学堂"

图 8-52
北京大学百年讲堂

3. 北京大学百年讲堂

北京大学百年讲堂（图8-52）是为庆祝北京大学建校100周年而建，是目前全国高校最大的一座设施先进、功能齐全的现代化多功能讲堂。它位于北京大学校内，占地面积5600平方米，建筑面积12672平方米。地下1层，地上主体3层，群房2层，观众厅高约6层，建筑最高处为34.8米。其附属设施主要有：与之相配套的化妆间、排练厅、多功能厅、纪念大厅、观众休息厅、四季庭院、会议室、贵宾接待室等。

讲堂主体设施的观众厅分楼上、楼下两层，共2167个座位，其中楼下1457个座位，楼上710个座位；标准化镜框式舞台，总面积846平方米，其中主台面积626平方米，侧台面积220平方米，台宽17.7米，深21米，高8.7米，台唇5米，配有70平方米的升降乐池、180平方米的声反射板、41道电动吊杆、数字立体声返音系统和双屏显示字幕机，可举办文艺演出、电影放映、大型典礼、讲座、报告等活动。

装饰及声学工程部分参建单位：
中孚泰文化建筑股份有限公司

六、展陈类

1. 辛亥革命博物馆

辛亥革命博物馆（图8-53）是武汉市为纪念辛亥革命·武昌首义100周年而兴建的一座专题博物馆，是首义文化区的核心建筑。辛亥革命博物馆总建筑面积22142平方米，分为地下一层和地上三层，设有1个序厅、5个基本陈列展厅和1个多功能展厅，集陈列展示、文物收藏、宣传教育与科学研究等功能于一体，是辛亥革命专题博物馆中展览规模最大、陈列科技含量最高、复原场景最多、参观导览系统最全的博物馆，配套建设有办公服务区、藏品库房、设备库房、文物鉴赏室、学术报告厅、地下车库等。

辛亥革命博物馆的外形设计独特，融合了中国传统建筑元素和现代建筑特色，高台大屋顶的架构，彰显中国建筑"双坡屋顶"和飞檐翘角的特质；几何形外观和"楚国红"色调，寓意敢为人先的首义精神，俯瞰呈V字造型，寓意胜利和武汉的腾飞。

装饰及声学工程部分参建单位：
中孚泰文化建筑股份有限公司

图 8-53
辛亥革命博物馆

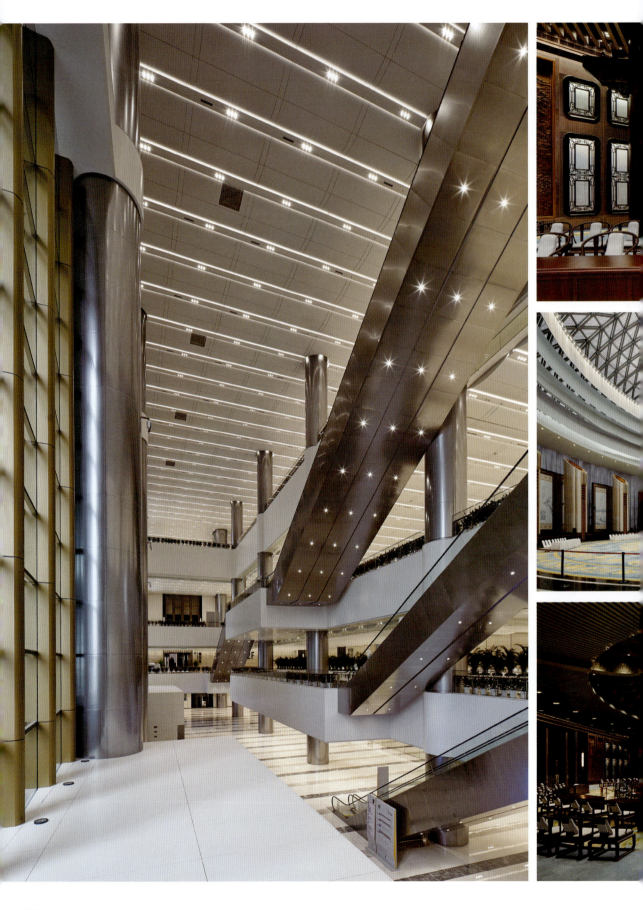

2. 杭州国际博览中心

杭州国际博览中心（图8-54）的会议中心总面积约1.9万平方米，分布于五层，拥有61个会议场地、14个VIP贵宾室及1个商务中心，拥有规格多样的会议场地和会议服务体系。其中无柱多功能厅10000平方米，最多可同时容纳8300人；大会议厅3000平方米，配备16路同声传译，满足国际会议需求。展览中心面积9万平方米，共10个展厅，各展厅面积自7700平方米至10000平方米不等。

在主会场施工过程中，各种材料繁多，工艺复杂。主会场的整个顶灯分为三层，最里层为梅花和桂花图案，分别代表着中国风骨和杭州风韵；外环为青花瓷色调薄膜灯，朵朵簇拥；最外层有108个"流线型紫铜连心斗拱"巧妙地呈三阶叠层，每阶36拱，首尾相扣，代表着团结联动的强大力量。由于主会场是封闭的室内空间，没有实窗，所以在所有红木窗格后均做了一层布艺软包，以杭州风景为图案，通过灯光照射，栩栩如生，犹如实景，恰似身处江南园林之中。

装饰及声学工程部分参建单位：

浙江亚厦装饰股份有限公司、苏州金螳螂建筑装饰股份有限公司、中国建筑装饰集团有限公司、中建八局装饰工程有限公司

图8-54
杭州国际博览中心

3. 天津梅江会展中心

天津梅江会展中心（图8-55）总用地面积为35.62万平方米，建筑面积为10万平方米，有33000平方米的室外展览区域，54000平方米的室内展览面积，8000多平方米的会议面积。展馆共有N1、N2、N3、N5、N6五个展厅。其中N1（西南侧）、N2（西北侧）、N5（东南侧）、N6（东北侧）四个展厅，每个展厅南北长144米，东西长90米，面积达11000平方米，每个厅设标准展位500余个，展厅净高15米，N3（多功能厅）、N4（宴会厅）两个展厅，每个展厅设标准展位154个，展厅净高10.8米。场馆会议厅1层、2层各有分布。多功能报告厅1个，能容纳2000人；600平方米贵宾接待厅1个，300平方米贵宾接待厅2个，100平方米贵宾厅2个，400平方米会议室4个，300平方米会议室2个，195平方米会议室6个，100平方米左右会议室6个，各厅配有同声传译、现场控制、投影等系统设备。

梅江会展中心拥有会议室共21间，贵宾厅5间，宴会厅1间，报告厅1间，会议面积7000平方米，会议室音响、灯光、视频、同声传译、投影、发言等系统装备齐全，满足举办会议、学术报告、演出等多功能需求。

装饰及声学工程部分参建单位：

天津华惠安信装饰工程有限公司、深圳洪涛集团股份有限公司、深圳市维业装饰集团股份有限公司、天津市建设装饰工程有限公司、天津市艺术建筑装饰有限公司、中建三局装饰有限公司

图8-55
天津梅江会展中心

4. 中国国家博物馆改扩建工程（新馆）

中国国家博物馆改扩建工程（图8-56）的建设用地为7万平方米，批复总建筑面积19.19万平方米，批复概算投资25.0316亿元。建筑设计大气庄重，古朴典雅，融入中国传统文化，既有深厚的历史和文化底蕴，又兼具大国风范和时代特征。扩建工程建有48个展厅、近800座的剧场和近300座的学术报告厅；2万平方米的屋顶绿地以及世界第一个建在博物馆里600多平方米的电视演播室。

中国国家博物馆的改扩建工程为国家重点工程。本工程总建筑面积达191900平方米，入口大厅建筑标高34.5米，东西长度约221米，南北最大跨度约61米。参建单位主要承建了：入口大厅、核心筒、北联系厅、交通廊、画廊过厅、展览序厅、东前厅、东过厅、南联系厅、6米层卫生间、扶手、栏杆、栏板等配套项目。国博西入口大厅建筑标高34.5米，东西长度约221米，南北最大跨度约61米，为超大空间、超大跨度。大厅天棚藻井，建筑面积达2万平方米，空间跨度最长248米，宽度120米，吊顶高度最高达到36米，最小高度10米，大厅藻井天棚造型及超大、超重石材干挂、新型材料使用等是该工程的重要特点。

装饰及声学工程部分参建单位：

北京城建安装集团有限公司、湖南建工集团装饰工程有限公司、苏州金螳螂建筑装饰股份有限公司、北京港源建筑装饰工程有限公司

图 8-56
中国国家博物馆改扩建工程（新馆）

5. 中国湿地博物馆

中国湿地博物馆（图8-57）总投资3亿元，建筑面积20200平方米，布展面积7800平方米，是全国首个以湿地为主题，集收藏、研究、展示、教育、娱乐于一体的国家级专业性博物馆。博物馆分为地下一层、地面三层，共八大区域四个主题展厅：序厅、湿地与人类厅、中国湿地厅、西溪湿地厅及专题展厅。博物馆采用动植物标本与景观、互动技术、特效、影院和实验、演示装置等多元化手段进行展示。馆内设有538平方米的科普中心以及4D影院。

中国湿地博物馆由日本著名设计大师矶崎新设计，其以"绿丘"作为表现载体，将整个建筑巧妙地与山丘融为一体，造型独树一帜。高达30米的观光塔，可俯瞰西溪湿地的全景，成为西溪湿地一大标志性建筑。

装饰及声学工程部分参建单位：
深圳市奇信建设集团股份有限公司

图 8-57
中国湿地博物馆

图 8-58
郴州国际会展中心

6. 郴州国际会展中心

郴州国际会展中心（图8-58）是湖南省地级市中规模最大、功能最全、专业水平最高的大型现代化、多功能展览场所，不仅可以进行商品展览、商贸洽谈，还具备举办大型会议、宴会、集会、庆典活动等功能。郴州国际会展中心建筑工程采取BT模式建设，主要由会展中心、博物馆、图书馆及相关配套设施三部分组成。

项目总用地面积133731平方米，其中城市道路广场面积23631平方米，实际用地面积110100平方米，会展中心建筑占地面积27950.2平方米。建筑东西长290米，南北宽130米，会展中心总建筑面积约58821.1平方米，其中地上建筑面积约49495.1平方米，地下建筑面积约9326平方米。地上两层，地下一层，最高点为41.20米。各层层高为地下一层为5.0米，地上一层为9.0米，二层展厅空间层高跟随屋架变化，最低处净高约10.0米，最高处净高约28.0米。会展中心配有600平方米的多功能厅、宴会厅、演讲厅及VIP贵宾休息室，可灵动组合使用，是一个标准的城市综合性展览中心，总投资4亿元。

装饰及声学工程部分参建单位：
湖南建工集团装饰工程有限公司

7. 东莞篮球中心

东莞篮球中心（图8-59）是我国第一个NBA级别的篮球中心，兼具专业演艺功能的文体设施。该项目占地约26.7万平方米，建筑面积约6万平方米，总投资超6亿元，可容纳1.6万名观众，有着"CBA第一馆"的美誉。

在承建项目之初，中孚泰团队就以将东莞篮球中心打造成为NBA球场兼演艺中心为原则，需要考虑其兼具NBA级别球馆与演艺中心的功能需求，所以在声学装饰及声、光、电集成技术方面的设计上具有极高的针对性和难度。主体育馆作为整个篮球中心的主体建筑，为地上四层，赛场周围附属功能6层看台；地下两层，建筑面积达到53486.61平方米。位于整个用地的中心，并高出室外地坪9米，其轻盈的鞍形金属屋盖及晶莹通透的倒圆台的体型显示了它作为地标建筑的统领性和独特性。同时，考虑到观众的视觉要求，场馆内座位的设置上也做了特殊的处理，即便是观众坐在最后一排、最远距离的位置，也能清晰地观看比赛，这对于球馆来说是非常关键的。

装饰及声学工程部分参建单位：
中孚泰文化建筑股份有限公司

图 8-59
东莞篮球中心

8. 深圳工业展览馆

深圳工业展览馆（图8-60）位于市民中心圆塔建筑的2～10层，展馆建筑面积13000平方米，其中展览面积10000平方米，是深圳市的标志性工程。展览馆主要用于举办"深圳市产业经济成就（工业成果）展""行业新产品周期展"，三楼多功能厅每年举办逾百场活动，涉及论坛、培训会、座谈会、企业沙龙等多种形式；四楼平台商务休闲区面朝福田CBD，并设置花园景观，提升商务洽谈环境；六楼新产品发布区，配备产品展示台、同步直播设备、160寸中央升降主屏幕和100寸两侧投影屏等，为企业提供专业的产品发布配套服务。

深圳工业展览馆的工程特点为装饰工程规模大、声学质量要求高、声学技术要求综合性强、声学材料品种及规格多、新材料新工艺多、施工接点接口多。项目分别采用了互动、模型、虚拟、幻影成像、3D、动画等不同的表现形式，把声、光、电集成技术与视觉传播技术有效结合，将枯燥乏味的产品用具有生命力的手法呈现出来。深圳市工业展览馆的综合展陈效果达到了国内的一流水平，向世界水准看齐，成为行业内具有里程碑意义的经典作品。

装饰及声学工程部分参建单位：
中孚泰文化建筑股份有限公司

图8-60
深圳工业展览馆

9. 中国园林博物馆

中国园林博物馆（图8-61）是中国第一座以园林为主题的国家级博物馆，位于北京市丰台区鹰山脚下，永定河畔。自2010年开始筹建，于2013年5月开馆运行。博物馆占地6.5万平方米，建筑面积49950平方米，由主体建筑、室内展园与室外展区三部分组成。主体建筑内28200平方米可用于展览展陈。

中国园林博物馆规划设计方案选用了组群建筑方式，整体建筑注重表达园林空间自由灵动与博物馆功能需求的融合。博物馆注重展示皇家园林、私家园林以及江南园林、北方园林、岭南园林等多种园林类型，形成了平稳周正、藏风聚气的山水骨架格局，体现了园博馆到园博园、城市到自然、现代到传统的过渡。

中国园林博物馆采用了多种新技术、新工艺，充分应用先进科技成果。以节能技术为例，中国园林博物馆采用钢结构为主体结构形式，满足内部空间的灵活布置。屋面结构层为空气对流层，产生良好的保温隔热效应。局部打开以形成自然通风并为部分室内空间提供辅助的自然采光。这样的建筑也被称为会呼吸的建筑。

装饰及声学工程部分参建单位：
中孚泰文化建筑股份有限公司

图 8-61
中国园林博物馆

图 8-62
克拉玛依科技博物展览馆

10. 克拉玛依科技博物展览馆

克拉玛依科技博物展览馆（图8-62）是克拉玛依市建设的文体中心的6个单体建筑之一，位于迎宾路以西，世纪大道以南，占地面积25400平方米，总建筑面积61000平方米。

该馆外形犹如一个仰面朝天的大写的"K"字，K正好是克拉玛依拼音拼写的第一个字母。该馆沿迎宾路方向长198米，顺着世纪大道方向宽108米，总高42米。地下一层，高5.7米；地上四层，每层层高9米。地下层为车库、库房、设备间、部分人防设施所在地。地上四层分别为博物馆、规划展览馆、科技馆和球幕影院等。博物馆将陈列一些反映克拉玛依市发展历史的文物；规划展览馆将通过影像资料、模型反映城市的变迁；科技馆用于科学知识的普及，将开设石油专题展区、综合科技展区、儿童科技乐园等；球幕影院能容纳160多人，它的下面是能容纳60人左右的4D动感影院。

装饰及声学工程部分参建单位：
中孚泰文化建筑股份有限公司

附录

（一）与建筑声学工程相关的法规、标准等

1. 法律

（1）《中华人民共和国建筑法》（2019年修订版）

（2）《中华人民共和国招标投标法》（2017年修订版）

（3）《中华人民共和国环境保护法》（2014年修订版）

（4）《中华人民共和国环境影响评价法》（2018年修订版）

2. 行政法规

（1）《建设工程质量管理条例》（2019年修订版）

（2）《建设工程安全生产管理条例》（2003年版）

（3）《建设工程勘察设计管理条例》（2017年修订版）

3. 部门规章

（1）《建筑工程设计招标投标管理办法》（住建部2017年版）

（2）《评标委员会和评标方法暂行规定》（七部委2013年版）

（3）《建筑工程施工发包与承包计价管理办法》（住建部2013年版）

（4）《建筑工程施工许可管理办法》（住建部2014年版）

（5）《实施工程建设强制性标准监督规定》（建设部2000年版）

（6）《住宅室内装饰装修管理办法》（住建部2011年版）

4. 行业标准规范

（1）《声环境质量标准》（GB 3096—2008）

（2）《绿色建筑评价标准》（GB/T 50378—2019）

（3）《建筑隔声评价标准》（GB/T 50121—2005）

（4）《民用建筑隔声设计规范》（GB 50118—2010）

（5）《剧场、电影院和多用途厅堂建筑声学设计规范》（GB/T 50356—2005）

（6）《厅堂扩声特性测量方法》（GB/T 4959—2011）

（7）《室内混响时间测量规范》（GB/T 50076—2013）

（8）《混响室法吸声系数测量规范》（GBJ 47—83）

（9）《驻波管法吸声系数与声阻抗率测量规范》（GBJ 88—85）

（10）《剧场建筑设计规范》（JGJ 57—2016）

（11）《剧院演出安全等级分类》（GB/T 36728—2018）

（12）《声学室内声学参量测量第1部分：观演空间》（GB/T 36075.1—2018）

（二）建筑声学专家吴硕贤访谈摘录

吴硕贤，男，1947年5月生于福建泉州。1981年，获清华大学硕士

学位后，又师从吴良镛院士、马大猷院士攻读博士学位，是中国建筑界与声学界培养的第一位博士。吴硕贤为华南理工大学建筑学院教授，博士研究生导师，于2005年当选为中国科学院院士，是中国建筑技术科学领域首位中国科学院院士。2007年，科技部批准在华南理工大学建设中国建筑学领域唯一的"亚热带建筑科学国家重点实验室"，吴硕贤担任首任该国家重点实验室主任。

吴硕贤院士在建筑声学领域研究成果丰硕，主要代表作有：《音乐与建筑》《室内环境与设备》《室内声学与环境声学》《建筑声学设计原理》。

1. 声音与建筑相互交融在一起

记者： 音乐和建筑关系紧密，它们之间是一种怎样的关系？

吴硕贤： 它们相互交融在一起，因为建筑本身就是艺术跟科技的结合，特别是我们搞建筑声学，搞音乐厅、剧院这些建筑设计，其本身就涉及听觉的艺术。

声音有几个特性：一是它是一种物理现象，所以我们要从物理学来研究声波的这些特性。二是声音本身是携带信息的，因为我们的音乐跟语言都是以声波为载体来交流的，比如在古代，我们人类主要是通过语言、音乐（歌唱）等，进行信息交流跟文化传承的，这个历史要比文字早得多。三是它具有环境的特性，听觉和视觉是我们人类对外进行信息交流的主要途径，所以，声环境是一个很重要的环境因素。四是它还具有审美的特性，我们很多的建筑，其本身主要的功能就是作为听音的场所存在的，例如我们的音乐厅、歌剧院、戏剧院、话剧院，还有电影院，这里面当然也有视觉的，但是听觉和视觉两个是并存的。

特别是音乐厅，主要的还是以听觉艺术为主。还有我们的报告厅，包括体育馆，很多也是除了体育比赛训练以外，有时也兼做集会跟音乐演出的场所，因此这里面也有听觉设计的问题。所以，我们需要做声学设计的建筑还是很多的，我们的住宅、宾馆、教室等等，很多都与听觉有关系，都要做好声学设计，以保证我们接受信息的完整性跟准确性，以及听觉艺术的享受。

所以这个声学问题是很广泛的，需要面也很大，但是我们中国搞声学的专家比较少，这方面的科学普及工作也做得不够，所以公众对建筑声学了解不够，我们的声环境问题还很突出，跟发达国家相比，我们这方面需要改善的东西还很多。

2. 中国现代声环境状况亟须改变

记者： 古代是如何设计建筑声学的？

吴硕贤： 我们古人对建筑声学的理解是比较深刻的。比如，我们古代的四大书院，像岳麓书院、白鹿洞书院、嵩阳书院和应天书院，它们的选址都在岳麓山、嵩山、庐山这些名山上。此外还有一些佛寺、道观，也是如此，过去讲"天下名山僧占多"嘛。为什么呢？这是因为，我们的思维主要是聆听心声的过程。就是说，我们的思维是一种意识流，我们以在心中默念的语音流来思维，所以我们在思维过程中就很怕外界的噪声，而且特别怕有信息的内容对我们的思维造成干扰。所以过去我们古人讲"宁静而致远"，就是说，只有在安静的环境下，我们的思维才能够走得深、走得远。所以，安静的环境对我们的思维是非常重要的，特别是我们的一些学校、办公室等，这些都是做学问、做研究的地方，这些建筑场所一定要安静，否则人们就不可能有很深的思维，就不可能产生大的创新性的思维成果。

古人在建筑、装饰设计方面，一个是选址，选址的目的就是要使背景环境噪声比较低；另一个还要做好建筑的隔声工作，使外界噪声不能传过来。在古代，环境噪声源没有现在这么高，没有现在的交通噪声、工业生产噪声、施工噪声等，特别是没有现在高分贝的扬声器，所以古代相对比较安静。但实际上，古人在建筑设计的时候也是很注意隔声问题的。比如古人讲

"庭院深深深几许"，过去很多院落都是很有讲究的，一道一道都有照壁，都有围墙，而且围墙都比较高大，这些都是用来隔声的。现在，我们比古人的声环境恶劣多了，因为我们人类发明了很多的工业设备、交通工具，还有扬声器这些高分贝的声设备，所以我们更需要做好建筑噪声的控制。

3. 中国所有的建筑都需要进行声学设计

记者：中国建筑声环境状况堪忧，很多建筑需要声学设计，如果从重要性上来讲，当然像剧院、音乐厅等建筑格外重视声学设计，除此之外还有哪些建筑。

吴硕贤：电影院，录音用的场所，例如录音棚、录音室、演播厅等。其实，体育馆也很重要，因为很多体育馆不光是进行体育方面的活动，它也会有开会、集会的活动。像很多中学的体育馆，就是一个比较大的平台，里面除了打球以外，也会开会，有时也会演出。所以它是多功能使用的场馆，要考虑多方面的设计要求。还有阶梯教室、会议厅、图书馆，这些都要好好做声学设计。还有宾馆，现在很多宾馆号称"五星级""七星级"，但其实声音质量很差，从评价标准来说，不能说光有一些设施就可以称"星"才行。展览馆也要做声学设计，机场、高铁的候机厅、候车厅，也都要进行设计。最大的一块是我们的住宅，现在反映比较多的是，楼上走路楼下听得很清楚，这就是没有做声学设计的原因。

记者：与国外相比，中国建筑声学设计还存在什么问题？

吴硕贤：国外比较重视对不同的建筑类型都要考虑声环境设计的问题，而我们只对一些投资比较大的剧院、音乐厅重视，忽视了其他很多建筑，这是最大的差异。比方说五星级的宾馆或者一般的宾馆，国外都要做噪声和振动控制，要进行专业的设计，而我们根本不做。还有住宅，虽然我们也有国家标准，但是我们很多设计师也没有认真地按标准去做，也没有去检测符合不符合标准，或者根本不做。我们很多的建筑师、业主、包括居民，都还没有这方面的概念，结果是背景噪声很吵，撞击声很大，左邻右舍的噪声很大，面向交通干道的交通噪声也很大，但都无可奈何。所以在我国，噪声投诉是各地环保投诉里头经常排在第一、第二位的投诉。总之，我们的人居声环境跟建筑声学设计理念还要大量的普及，这个是最重要的。

4. 中国建筑声学研究和设计不输国外

记者：中国建筑声学研究、设计和国外相比，有什么不同？

吴硕贤：我们与国外的水平应该是接近的，但是我们搞建筑声学研究、设计的人数比国外要少得多。比方说英国，英国相当于我们一个省那么大，但是据我了解，他们有两百多个与声学有关的单位。我们国家就只有那么少数几个单位，所以说，我们的技术力量还是比较薄弱的。其中一个主要的原因是，我们的建筑声学人才培养不足。我们培养的声学人才只有研究生，招生数量少，而且较少本科生，过去只有南京大学招声学本科，但是招的也很少，现在还有安徽建筑大学培养建筑声学本科生。

人少声音就小，建筑声学的科普工作就不可能深入去推广，所以很多人其实不太了解和重视建筑声学问题，这样就影响了我们中国人的声环境。这也是我们中国人养成嗓门大的一个原因，我们的声环境不太好，我们的背景噪声比较高，我们讲话就要提高信噪比嘛，结果就把嗓门弄得很大，都养成习惯了，外国人普遍没有嗓门高的习惯。

5.建筑声学设计的基本原则是"嘉则收之，恶则屏之"

记者：建筑声学设计的基本原则是什么？

吴硕贤：主要的，我觉得就是八个字：嘉则收之，恶则屏之。这是《园冶》里的话，视觉设计是这样，听觉设计也是同样的道理。声音有两类：一类是我们要欣赏、要接受、要收听的，包括我们语言交流的声音、音乐艺术享受的声音、自然界的声景如鸟唱虫鸣、泉水声、瀑布声、松风声等，对这类声音，我们要创造好的环境去听、去欣赏、去享受；另一类是噪声，干扰我们睡眠、思维和工作效率的声音，我们要隔绝它们。声学设计无非就是包括这两个方面。

（三）建筑声学专家宋拥民访谈摘录

宋拥民，男，1976年11月生于湖北。2003年毕业于同济大学建筑与城市规划学院建筑技术科学专业，获硕士学位；2006年，毕业于同济大学声学研究所声学专业，获博士学位。现为国家注册环保工程师，中国演艺设备技术协会专家委员会委员，中国环保产业协会噪声与振动专业委员会常委兼副秘书长，上海市声学学会理事，《声学技术》编委。

2006年3月，宋拥民进入章奎生声学设计研究所从事厅堂音质及噪声与振动控制工程设计及研究工作。主持完成了80余项大型工程项目的声学设计，参与的声学工程项目达150余项，发表论文50余篇。代表性的建筑声学作品包括：上海大剧院大修工程、上海保利大剧院、上海戏剧学院实验剧场、长沙音乐厅、梅溪湖国际文化艺术中心（方案）、敦煌大剧院、延安大剧院、世博中心、援老挝国际会议中心、国家会展中心（上海）等。

1.中国的建筑声学工程市场巨大

记者：除了剧院、体育场馆、宾馆，还有刚才我们谈到的教室，是不是还有其他很多建筑都需要进行声学设计？

宋拥民：所有的建筑都是应该考虑声学设计的，只不过声学设计的侧重点不一样。就像现在这几年我们公司接到的很多项目，住宅声学设计的越来越多。1998年之前，我们国家实行福利分房制度，按照相关标准进行分配，分到哪，再吵都不会计较。但实行商品房制度后，尤其最近几年，声环境矛盾一下子凸现出来了，尤其是高档住宅。现在房价很高，可能三代人的钱全都拿出来买了一套房，可是环境很吵、很不好，业主就会投诉。

还有办公用途的综合楼。冬天很冷、夏天很热的时候，为了让空调快速地制热、制冷，功率就开得很大，功率一大噪声就出来了。在一个很嘈杂的环境中，尤其是低频声音嗡嗡响的环境中工作，肯定会影响办公的心情和效率。所以，很多高档的办公楼在装修设计时，业主就很明确地说，要声学设计顾问介入进来。

当然，像住宅、办公楼等非观演类建筑，声学设计的重点是把噪声和振动控制好，而观演类建筑的声学设计重点除了要控制好噪声和振动外，还要做音质优化的设计，让听众听着舒服、优美。

记者：这样看来，中国建筑声学工程的市场规模很大，它未来的成长性如何呢？

宋拥民： 从趋势来看，未来新建的观演类场所还会比较多，因为国家一直在刺激这个市场，但是要求就不会像以前那么高了。以前，我们做的省会一级的剧院声学设计，它们都是要求用自然声演出的，所以声学设计要求很高。现在，文旅建设项目都会做剧院，但剧院的建筑声学要求就没有以前那么严格和高了，因为现在都是电声演出。可能有一天，剧院就被做成电影院这种概念了，所有的声音都靠喇叭传送出来，但是市场还是很大的。

从另一个层面来说，将来声学装饰设计的重点是大修、改建项目。一般而言，室内装饰的生命周期为15～20年。上海大剧院是1998年建完的，2013年进行了大修，刚好是15年。上海的情况就是这样，这几年的新建项目比较少，基本上都是大修项目。

那些现状比较好的、顶级的建筑，将来可能走大修的道路，外观不能动，内部进行装饰。上海大剧院这种就是大修，座椅的骨架都没有换，只是座椅、坐垫、布料进行了更换，墙面重新进行了装饰。大修时，声学设计发挥的空间不大，设计、施工单位主要是检测、验证大修后是不是达到了与之前同样的声效，不好了再局部调改。国家大剧院是2007年完工的，可能到2022年或者哪一年，就需要大修一下。改建项目要复杂一些。比如2016年我们做了一个厦门的项目，原来是影剧院，现在改成综合剧场了。这个建筑的功能发生了变化，土建的墙不动，但里面的装修要全部敲掉，重新进行设计。

记者： 这是观演类建筑的市场规模，像住宅、办公楼、机场、火车站等非观演类建筑的声学工程装饰市场规模也很大吧？

宋拥民： 是的，但是这个没办法估计，主要还是看它被重视到什么程度。比如说住宅，住宅的存量和增量都是很大的，从增量来看，目前只有几个高端的品牌在做声学设计，例如保利、金茂府等。它们重视声环境建设，主要是防噪降噪，为业主提供一个全天候的舒适环境。住宅这块，如果哪一天国家强制规定，室内声环境的技术指标（如隔声量、室内背景噪声等）必须要达到要求，房地产商建房就会重视，那么，整个市场一下子就给激发起来了。

国外的机场、车站都比较重视声学设计，但我们的比较糟糕，目前国内只有几个大的设计院意识到声环境设计、建设的重要性，但由于业主不重视，没有声学顾问的咨询设计预算，所以大的设计院即便有需求，但无奈也只能停留在口头的技术咨询上。这个可能还要再发展几年，但只要这个市场真正被重视起来了，启动起来了，那就很可怕了。

2.中国建筑声学设计、施工未受到足够重视

记者： 在这样一个巨大的建筑声学工程市场，设计方和施工方工作进展顺利吗？会遇到什么样的问题？

宋拥民： 总体而言，我感觉国内施工从前端开始设计的时候，就没有像国外那样受到重视。省会一级的文化建筑，投资金额往往比较大，而且还要做成当地的文化地标，所以一开始从业主那里就比较重视施工

质量。参与工程建设的其他各专业队伍也会比较重视，建筑设计师和业主就会要求进行声学设计、施工。譬如我们和安藤忠雄、扎哈·哈迪德等合作一些大型项目时，他们就很注意听取我们声学专家的意见。但到了地市一级、县市一级的项目时，由于建筑师甚至设计院都是当地的，他们就没有建筑声学这个观念。他们认为声学设计的东西可有可无的，业主也不重视，一不重视，很多声学建筑的声学效果就很差。有些建筑，从外面看起来很好看，但明显是违背声学原理的，这是不行的，但他们就是听不进去，或者进行行政干预，你要这样改，领导就通不过，就不能改，所以在设计方面就要打很多折扣。

到了施工层面，施工队伍未必经验很足，如果运气好，选到了比较好的施工团队，可能还好，他们的施工质量也有保障，但是即便在这种情况下，还会有别的问题产生。国内不像国外，国外一个剧院可能要建五年、十年，但国内也就需要三五年的时间，这几年更快，一两年就建完了。而且，很多工程的完工日期是一早定死的。完工日期一定死，做方案就不可能那么细，施工就很紧。例如现在很多剧场的内饰GRG都是烘干机烘干的，很多都没有干透，所以过了很多年就起泡了，影响声音及视觉效果。

3.国外建筑师具有较好的声学理念和素养

记者： 您和国外建筑师有过合作，他们对声学设计、施工方面的态度怎样，合作顺利吗？

宋拥民： 国内设计师和国外设计师在声学设计技术上并没有太大差异，但在设计素养、理念上还是有差异的。简单讲，以观演建筑为例，国内设计是先建筑后声学，所以在国内是建筑师起主导作用；国外设计是先声学后建筑，所以在国外是声学工程师起主导作用。

国外声学工程师很多是音乐出身，对声音特别地敏感，或者对声音有自己独特的见解。国外做一个剧院，首先找一个好的声学工程师，声学工程师提出想法创意，建筑师再来做外形。另外，国外的各个专业之间相互比较尊重，声学工程师能够说服那些建筑师，再大牌的建筑师也都能听取他们的意见，所以他们配合得很好，东西做出来也很好。

上海保利大剧院的建筑是安藤忠雄设计的，这是他在全世界做的第一个剧院，所有人都说他的建筑做得大气、漂亮。他工作态度很好，很谦虚，我们把剧场平剖面图给他看，他完全听进去了，基本按照我们的图来做。剧院的墙面要起到扩散声音的效果，他就会去协调各方，最后做出来的是凹凸的造型，凹凸深浅及宽窄在我们的建议下他做了优化；前后圆的直径怎么样会比较好看，哪个深、哪个浅，从什么排列比较好看，他也会去协调。总之，我们之间配合得比较好，我们提供了大方向，他顺着这个方向帮我们去实现。

安藤忠雄每次来中国，基本上都会来上海一趟，去嘉定看一下。他做完了上海保利大剧院之后，在国内一下子声名鹊起，又接受了几个剧院的设计工作。扎哈·哈迪德也是如此，她在完成广州歌剧院项目之后，马上就有了更多的项目找到她，包括北京大兴机场。

4.中国在建筑声学施工方面有技术优势

记者： 在施工技术与设计方面，中国哪一方面与国外的差距比较小？

宋拥民： 因为很少有国外的团队到国内来施工，所以不好比较，但我认为我们国内的施工技术还是有优势的，当然主要是造价方面的优势了。从施工质量上来说，如果国内的项目有足够的时间的话，工艺水平还是很高的，这方面中外没有差距或者说国内更有优势。主要问题在于，我们的项目往往没有足够多的时间，国外一个剧院要建十年，我们两三年甚至更短就要做完了。对于声学设计水平而言，国内外几乎没有差距，因为从声音效果测量来看，外方在国内做的剧院跟国内团队做的剧院差不多。当然，我们没有谈建筑结构这一块，建筑结构方面还是有一些差别的，这主要是设计师眼界的问题造成的。

5.建筑声学企业的核心竞争力在于人才及团队建设

记者：目前国内专业的建筑声学施工企业状况如何，优秀施工企业的标准是什么？

宋拥民：总体来说，专业施工企业并不多，但随着这些年观演场馆建设的增多，很多企业得到了锻炼，也出现了几家非常优秀的企业，它们专注于建筑声学工程市场。随着不断的积累，它们的施工水平也上来了，质量、工期都能保证了。譬如深圳洪涛、苏州金螳螂、浙江大丰和深圳中孚泰公司，他们就做得非常好。前面三家都是上市公司，中孚泰也在计划上市。最近几年，中孚泰在剧场建筑施工中相对做得比较多。

总之，好的施工企业，从各个方面来说，都容易沟通。他的施工经理非常善于总结，即便建筑师不在现场，他也能把施工流程梳理好，把施工做得又快又好。

记者：这些优秀的施工企业最终会形成怎样的核心竞争力？

宋拥民：优秀的施工企业，最终在技术上会形成优势，在承接一些工程时，会有完整的团队来匹配。例如，早些年装修分得很细，灯光、音响、舞台、机械都是由专业的工程公司来做的，现在这几年都有总包的趋势，整个室内装修包括声、光、电都是一起总包的，然后企业再去找专业的团队。站在业主的角度来说，业主慢慢地都会实行总包的方式。这个大总包，就包括灯光、音响等都由他来签合同，专项他再找专业配套的公司来做。

所以，长期下去，好的企业、在这个行业里的确做出优秀业绩的企业，也会找最好的团队与它搭配，相当于说它每一块业务都是由最专业的队伍来做。比如做深化，它可能有自己的设计院、设计团队，也可能从别的公司引进一些。有什么好的想法，只要和他讲，他很快就领会了，帮你深化得很好，然后直接完美地去施工。图纸深化得越清楚，工人施工的质量就保障得越好。如果没有图纸，只是跟他讲一下，他当时记住了，过两天可能就忘了，施工的误差可能就大了。

当然，经过多年培养的项目经理，设计过程中就知道哪个是重点、哪个是难点，并且哪个是要快速的，哪几天做，整个流程梳理得很清楚。

记者：也就是说，优秀的施工企业人才是非常重要的？

宋拥民：是的，人才很重要，现场管理的项目经理对企业来说很重要。项目经理能把施工流程理得很清楚。就像我们做一件事情，如果思路很清楚，我们可能就做得效率又高、质量又好。有的人思路不好，做得很混乱了，做出来的质量就打折扣。

有一个好的工艺，就可以申请专利；经验积累了下来，至少记录了下来，下次做的时候就可能不犯这个错误，直接套用成熟的经验。有的小公司施工少，经验积累不足，面临下一个项目时又要重新开始了，每一个项目都要从头开始，必然是不行的。如果所有的技术、工法都是非常成熟的，照着做就可以了。优秀的施工企业项目经理就善于积累经验，经验积累多了就可以传帮带，最终形成稳定的队伍。

参考文献

[1] 项端祈. 建筑声学50年的回顾[J]. 声学学报, 2005（6）：487-492.

[2] 马大猷. 声学和人的生活质量[J]. 噪声与振动控制, 2001（6）：2-5.

[3] 吴硕贤, 赵越喆. 人居声环境科学：亚热带建筑科学国家重点实验室近年研究进展[J]. 应用声学, 2013（5）：331-335.

[4] 吴硕贤. 中国建筑声学的源流与脉络（1926-1986）[J]. 南方建筑, 2019（3）：45-47.

[5] 王季卿. 中国建筑声学的过去和现在[J]. 声学学报, 1996（1）：1-9.

[6] 王改丽, 孙洪庆. 新中国建立初期中国建筑声学的发展[J]. 广西民族大学学报（自然科学版）, 2010（4）：33-40.

[7] 林杰, 谭华, 徐春, 等. 建筑声学技术研究进展[J]. 建筑科学, 2013（10）：41-47.

[8] 宋拥民, 杨小军, 章奎生. 恩施州文化中心大剧院歌剧厅的建声设计[J]. 演艺科技, 2014（3）：40-42.

[9] 陶智伟. 建筑声学在住宅建筑中的应用[J]. 住宅与房地产, 2019（31）：64.

[10] 李程. 建筑声学设计在历史建筑改造性再利用中的应用：杭州市红十字会医院教堂声学改造设计[J]. 浙江建筑, 2013（11）.

[11] 宋拥民. 敦煌大剧院的建声设计[J]. 演艺科技, 2017（10）.

[12] 章奎生. 声学设计研究所：十年建筑声学设计工程选编[M]. 北京：中国建筑工业出版社, 2010.

[13] [美]F. Alton, Everest, Ken C. 著, 郑晓宁, 译. 声学手册：声学设计与建筑声学实用指南. 5版. [M]. 北京：人民邮电出版社, 2016.

[14] 张三明, 葛坚. 建筑声学设计原理. 2版. [M]. 北京：中国建筑工业出版社, 2019.

后记

自2019年年底启动编辑、出版《中国建筑声学工程市场研究报告》以来，已有八个多月的时间。期间，全球爆发了新冠肺炎疫情，并一直持续至今，新冠肺炎疫情的存在，对本研究工作的开展造成了较大影响。按照计划，研究团队将深入、系统地采访有关行业组织、科研院所、工程业主、设计施工企业等，而这一切随着疫情的爆发，都不能当面完成，只能借助电话、视频网络。因此，频繁组织、召集网络会议，与相关人员进行电话及网络沟通，成为本次市场调研的主要工作形式。研究团队先后采访了十余名建筑声学工程领域的专家学者，向几百家建筑声学工程设计及施工企业发放问卷，搜集行业数据和资料，并前后组织了十余次网络及现场论证、讨论会。

在广大专家学者、行业组织管理人员、企业家等的积极配合下，在研究团队成员的不懈努力下，《中国建筑声学工程市场研究报告》终于全面完成了研究之初既定的目标，在这个国内疫情基本被消灭的炎炎夏日如约而至。报告梳理了中国建筑声学研究的理论成果，对建筑声学工程进行了完备的界定和分类，全面分析了建筑声学工程的市场运作主体，在广泛市场调研的基础上对中国建筑声学工程的未来市场规模进行了测算，探讨了建筑声学工程企业的市场竞争力，展示了近十年来优秀的建筑声学工程案例。

早在2013年，中国建筑装饰协会学术与教育委员会就对中国建筑声学工程进行了市场调研，初步积累了一些研究成果。该报告是在前述成果的基础上的进一步总结和升华，因此完全有理由相信，该报告将为政府相关部门、行业组织、研究机构、教育机构和企业界，提供建筑声学工程理论参考与实践指南。

然而，囿于时间仓促，以及新冠肺炎疫情未能与相关人员当面进行深入、细致的访谈，本研究报告在建筑声学工程企业发展现状及市场未来发展趋势等方面的研究上，还有待更进一步的深化，希望今后有机会予以完善，也敬请广大读者提出宝贵意见。

编者

2020年8月